『爱育精彩』丛书

不一样的老师Ⅱ

张胜辉 主编
陈向芳 副主编

中原出版传媒集团
中原传媒股份公司

大象出版社
·郑州·

图书在版编目(CIP)数据

不一样的老师. Ⅱ/张胜辉主编.— 郑州：大象出版社, 2018.5 (2019.2重印)
("爱育精彩"丛书)
ISBN 978-7-5347-9815-3

Ⅰ.①不… Ⅱ.①张… Ⅲ.①小学教育—文集 Ⅳ.①G62-53

中国版本图书馆 CIP 数据核字(2018)第 102063 号

不一样的老师 Ⅱ
BUYIYANG DE LAOSHI Ⅱ

张胜辉 主编

出 版 人　王刘纯
责任编辑　梁金蓝
责任校对　裴红燕　牛志远　毛　路
装帧设计　王莉娟

出版发行　大象出版社(郑州市郑东新区祥盛街27号　邮政编码450016)
　　　　　发行科　0371-63863551　总编室　0371-65597936
网　　址　www.daxiang.cn
印　　刷　洛阳和众印刷有限公司
经　　销　各地新华书店经销
开　　本　787mm×1092mm　1/16
印　　张　20
字　　数　271千字
版　　次　2018年5月第1版　2019年2月第2次印刷
定　　价　46.00元
若发现印、装质量问题，影响阅读，请与承印厂联系调换。
印厂地址　洛阳市高新区丰华路三号
邮政编码　471003　　　　电话　0379-64606268

序

"张校长,今天下午我给孩子班级上了家长讲堂,讲了机器人的一些知识,孩子们听得非常认真,感觉真好!下次有机会,我会再来!"一位家长激动地发信息给我。

"今天,我也客串一次老师,当老师还真不容易!"微信朋友圈里的家长晒出了自己第一次上课的感慨。

"为了这次家长讲堂,孩子给我提了很多建议,还自愿当起了我的学生。每次练习,她都为我加油打气!今天我上课,发现她是那么自豪。"家长的讲课心得里,流露出给孩子做榜样的幸福。

周五的家长讲堂,让孩子们有了不一样的期待,让家长有了不一样的体验。不一样的老师,从此与学校共同成长。

家长讲堂缘于2009年与朋友的一次交流:朋友是当地小有名气的农业专家,因为经常在田间做各种科研,忽视了对孩子的教育和陪伴,孩子对他产生了极大误解。他想给孩子们上节课,讲讲农业知识,讲讲自己的工作。"这个提议不错!"我马上就联系了班主任,安排好时间,邀请朋友走进课堂。一节课后,朋友激动地对我说:"没想到啊,我竟然成了他们的偶像!孩子的同学都说庄稼地里竟然有这么多有趣的知识,都羡慕他有一个知识丰富的爸爸。"一节课,让孩子对他、对他的工作有了新的认识,增进了父子感情。

朋友的感受让我突然意识到，如果让更多的家长走进教室，站上讲台，面对自己的孩子，面对全班学生，既展示了自己的风采、增进了亲子关系，又能体会和理解教师工作的辛苦和不易，促进家校合作，这不就是家校合作的一个渠道吗？

有想法即开始行动，我召集学校中层领导、年级长、班主任开会研讨家长讲堂的可行性：家长越来越年轻化，他们具备了良好的学习能力、课程决策与实施能力，并且有参与学校课程设置的意愿。我们统一了认识，将不同职业的家长作为学校的一项课程资源引入。

从2009年至今，每个周五下午最后一节课，成为固定的家长讲堂时间。每学期的第一次家长会，家长申报讲课的时间和主题，班级列出本学期的安排表，家长按计划如约进班上课。

不一样的老师带来的教育资源让我们惊叹！家长们结合自身职业特点、兴趣特长，内容涉及环保、安全、科普、艺术、法制、民俗等多个领域，似百家讲坛，魅力无穷。微信群里的分享总能让我们耳目一新：书法、魔术、糕点制作、瑜伽、认识粮食作物、科学实验等。

一个平台，给孩子带来广阔的知识和开阔的视野，带来不一样的学习视角和成长体验：生活不只是这样或者那样，而是有很多的可能。

不一样的老师和孩子们一起成长。因为走进课堂，走近孩子，所以懂得孩子，理解教育，理解最好的父母是做孩子的表率。而懂孩子、会教育、做表率，正是我们引领家长要追求的目标。

不一样的老师成为学校课程的开发者、参与者、实践者。从最初参与家长讲堂，到现在和孩子们一起开发主题研究课、参与戏剧课程、实施家本课程等，他们的融入让学校教育充满新的活力和动力。

时间记录着成长，不一样的老师和我们一起走过孩子的童年，在每个人的生命里，播下爱的种子。一个孩子，小学六年，200多次家长讲堂累积的所见、所思、所感就是我们送给他的成长礼物。

如今，家长讲堂已走进更多的兄弟学校。让我们为更多不一样的老师加油、点赞！我们的教育因为你们将更加精彩！

北京第二实验小学洛阳分校校长　张胜辉

目 录

生活百科

方寸之美 ... 2
保护眼睛 ... 7
儿童口腔保健 ... 11
馒头的前世今生 ... 14
走近军人 ... 19
对信访的了解和认识 ... 25
端午习俗 ... 33
保护牙齿 ... 38
保护眼睛 ... 42
爱护牙齿,从小做起 ... 45
中国人民解放军三大兵种介绍 ... 49
管理自己的情绪 ... 52
开心东北行 ... 56
学钓鱼 ... 60
感知洛阳饮食文化 ... 70
汉服礼仪 ... 75
护国重器　铁血军魂——中国人民解放军火箭军 ... 80
保护地球 ... 84

积极心态的密码 ... 89
人生的三大财富 ... 93
茶道之美 ... 99
小零食，大学问 ... 103
想象力——逆向思维 ... 107
说说"成功"那些事儿 ... 113

植物王国

神奇的植物仿生 ... 118
洛阳牡丹甲天下 ... 122

生命安全

珍爱生命　预防溺水 ... 128
拨打求助电话 ... 130
机场安全检查小常识 ... 135
体育运动损伤预防及处理 ... 137
消防大讲堂 ... 142
安全教育记心中 ... 146
急救小常识 ... 152

玩转手工

神奇的莫比乌斯带 ... 158

自制洗发水	162
为心中架起彩虹	166
水果拼盘	170
画葡萄	171
我会做飞镖了	177
巧手剪窗花	181
制作"花生小小酥"	184
自制文具袋	188
缤纷课堂，斑斓水果拼盘	192
DIY 小蛋糕	195

科创空间

我是小小魔术师	200
浮起来的鸡蛋	204
病毒的科普知识	208
奇妙的科学小实验	212
科学小实验	217
神奇的杯子	221
酸碱指示剂	225
有趣的智能机器人	231
露天煤矿的开采工艺	235
美丽的太阳系	238

心存感恩

蜈蚣翻身 246

携感恩心，走幸福路 251

让爱伴随你我他 255

感恩——母亲节快乐 257

蛋挞之旅 260

学会感恩，走近父母 262

知识启蒙

体育篮球课 266

情感词语的表述 270

《亲爱的小鱼》绘本阅读 278

春暖花开鸟语香，正是读书好时光 281

《天蓝色的彼岸》一书中的秘密 285

快乐的 do、re、mi 291

《假如给我三天光明》赏析 294

有趣的绕口令 297

知识速记 304

方方正正写字，堂堂正正做人 308

生活百科

方寸之美

授课班级：美茵校区　三（2）班　家长姓名：秦艳辉　学生姓名：李雨辰

家长简介：

秦艳辉，任教于洛龙区太平明德小学。在日常生活中，秦艳辉通过言传身教，培养孩子诚信、独立等优良品格；善于赏识和鼓励，充分挖掘孩子的爱好和特长，有针对性地培养其能力和素质。

授课主题：

邮票的美

教学过程：

一、组织教学

1. 谜语导入，趣味引题

师：同学们都喜欢猜谜语，老师知道同学们很聪明，今天老师出个谜语让你们猜一猜："薄薄一张纸，四边细齿孔，两地朋友要谈心，必须请它当差使。"

2. 揭开谜底（邮票）

师：过去是"一封家书抵万金"，居住在两地的人们通过通信来传递信息。现在通信发达，寄信的人少了，但是，人们还是喜欢邮票，知道为什么吗？

二、讲授新课

1. 观察、欣赏邮票的特点

同学们会观察到邮票上有面值、发行时间、发行地区标记，边上有整齐的齿孔，它们和中间的图案一同构成了邮票的基本要素。

师：邮票的每一个图案都表现了不同的主题，邮票的主题很丰富，有军事、科学、植物、动物等。有的是绘画，有的是剪纸……可以采用多种形式表现。

2. 邮票的种类

邮票包罗万象，宇宙间的万事万物都可以记载在小小的邮票上。邮票种类：邮票分普通邮票、纪念邮票、特种邮票……纪念邮票上写着大写字母"J"，特种邮票上写着大写字母"T"。

3. 邮票的造型

邮票多种多样，有的写实，有的变形，有长方形、正方形、圆形、五边形、六边形……

4. 邮票之最

1840年5月1日英国发行一枚图案为英国女王头像的邮票，被称为"黑便士"邮票，是世界上第一枚邮票；1878年7月发行的中国第一套邮票——"大龙"邮票；等等。

5. 洛阳邮票的发展历史

教师讲解洛阳举办2009年世界邮展的盛况，带领学生欣赏洛阳作为厚重的文化历史之都，发行的各种特色邮票：牡丹、玻璃厂、龙门石窟、白马寺等系列邮票。

三、总结

邮票可以邮寄物品，起到流通的作用，帮助我们传递信息，传递感情；也可以用来收藏，拓宽视野，增长知识。可以说，小邮票，大学问，希望同学们在今后的学习生活中，不断探索、了解更多关于邮票的知识！

学生新知

昆虫世界

美茵校区　三（2）班　张歆笛

从一年级到现在，有很多次家长讲堂：有的带给我们日常生活中的小知识，让我们在知识的海洋里遨游；有的带给我们一些有趣的科学实验，为我们打开了科学之门；有的带给我们动听的绘本故事，让我们走进了童话世界……我印象最深的一次家长讲堂，是李梓榆妈妈为我们带来的昆虫小知识。

在家长讲堂开始之前，我看着PPT上的四个大字——我与昆虫，心里立即蹦出了很多小疑问：阿姨要讲她和昆虫之间的故事吗？还是介绍她最喜欢的昆虫？到底是什么我不知道，只知道这应该是一次很有趣的家长讲堂。

盼望着，盼望着，上课铃响了，家长讲堂开始了。原来，阿姨是来讲有关昆虫的小知识的。

阿姨先出示了几张图片，上面有各种各样的昆虫。让我印象最深的是一种粉红色的昆虫，后来，我查了查资料，才知道它是荔蝽科的若虫。

阿姨又告诉我们，七星瓢虫是一种益虫，它能吃蚜虫和其他害虫。有的蚜虫喜欢在树上分泌一种液体，让人们感觉像下雨一样，也会让路面变得很黏。哦，我明白了，原来平时在路边栾树上"尿尿"的就是这种虫啊！以前我还不知道，以为是毛毛虫呢！

家长讲堂这么快就结束了，我真有些恋恋不舍，原来昆虫世界这么奇妙啊！

家长热议

第一次当"老师"

美茵校区　三（2）班　麦雨钏妈妈

三年前，孩子有幸进入了梦寐以求的北京第二实验小学洛阳分校学习，却没想到，这也开启了我的学习之路。

在开学的家长会上，副校长除在教育孩子方面给了我们很多启发外，还告诉我们，北京第二实验小学洛阳分校的办学特色之一——家校配合，其中一项就是每周都有一节家长讲堂，由家长给孩子们讲课。听到这里，我吃惊极了,我不是老师,根本不会讲课呀,何况还是面对一群理解能力不强的小孩子!我听旁边也有家长这样小声议论,就侥幸地想:大家都不会讲课,估计这个活动也持续不久吧!

然而,事情却没有我想的那么"幸运"。一开始虽然很多家长都不好意思报名参加,但在几位勇敢的家长带了头之后,家长讲堂活动还是井然有序地一周一周进行着。眼看就到我家了,我看"逃"不过去了,只好硬着头皮上了。想来想去,我准备给孩子们讲一讲有关花钱的事,教给他们怎样勤俭节约,把钱用在刀刃上,并找了一些贫困山区的孩子学习生活的图片,摸索着学习做PPT。因为怕紧张得忘了词,还郑重其事地准备了一篇讲课稿。一切准备就绪,周五下午,我忐忑地走进了北京第二实验小学洛阳分校的教室。

五十五个孩子带着期待的目光端正地坐在座位上,一声亲切、热情的"阿姨好",充分体现出孩子们的礼仪素养。虽消除了我一半的紧张感,但我依然忘记了台词,不得已拿出了稿子照本宣科。孩子们回答问题很积极,但也有些孩子小声说话,很显然,讲课内容没有引起孩子们的共鸣。我只好提高自己的嗓音,一节课下来,嗓子就哑了。这就是我第一次当"老师"的经历,同时我也深深体会到了老师们的不易。

转眼又轮到第二次家长讲堂了,我反思了一下第一次的失败经历,觉得讲课内容说教的部分太多,孩子们没有经历的事,理解起来有困难,就缺乏兴趣了。所以这一次我要给孩子们讲一些他们生活中能见到的事。我上网查了许多资料,最后决定讲一点带实验内容的物理小知识。带着简单的道具和PPT,我再一次走进了北京第二实验小学洛阳分校的教室,这次我最大的进步就是没有准备讲课稿,全凭现场发挥。简单的小实验,吸引了五十五双眼睛齐刷刷地看向讲台。他们回答问题时都把小手举得高高的,争着要亲手做实验,课堂气氛很活跃,我也体验到了被承认的喜悦!

感谢孩子们，感谢老师，感谢北京第二实验小学洛阳分校给我们家长提供这样一个平台，让我们和孩子们共同成长！

老师这样说

别具特色的课堂

美茵校区　三（2）班　李新惠

在我们北京第二实验小学洛阳分校，每周五下午都会有家长给孩子们带来家长讲堂：他们结合自身职业特点，为学生进行相关专业知识培训；结合兴趣爱好，向学生介绍相关方面知识，引导全体同学共同参与感知。

家长讲课内容丰富、形式多样，在医院工作的家长教学生如何预防疾病，在法制部门工作的家长提醒学生提高安全意识，从事文化艺术工作的家长教孩子如何"认识美"……这种家长愿意讲、学生喜欢听的授课方式，使学生不出校园就能聆听各行各业"老师"的教导，受到孩子们的一致欢迎，也使师生受益匪浅。

学校的教育资源有限，学生学习的内容大多来自课本，开展家长讲堂活动，可以充分利用家长资源，让学生们拓宽视野、增长见识。家长们来自各行各业，他们是一笔非常丰富、宝贵的教育资源，能弥补学校教育资源的不足，通过多种方式使孩子开阔视野、增长见识，更好地为学生成长提供优质高效的教育资源。这种别具特色的课堂模式，构筑了教师、家长和孩子三方互动的平台，完善了学校、家庭、社会三位一体的教育体系，丰富了学校的教育资源，创新了教育形式，充分挖掘家校合作的巨大潜力，有利于三方形成教育合力，促进学生全面发展。

保护眼睛

授课班级：美茵校区　三（4）班　家长姓名：王丽娜　学生姓名：王梓筠

家长简介：

王丽娜，就职于伊川县安全生产监督管理局。

授课主题：

保护眼睛

教学过程：

一、导入课题

1. 猜谜语

上边毛，下边毛，中间有颗黑葡萄。你若猜不着，互相瞧一瞧。

2. 讲述

同学们，我们生活的大自然是非常奇妙而美丽的，灿烂的太阳，皎洁的月亮，蓝蓝的天空，广阔的大地，无边的海洋，各种各样的花草树木，可爱的动物。这美丽的大自然，都需要我们用眼睛去看。那么，今天我们一起来学习如何保护眼睛。

二、授课内容

1. 指导学生认识眼睛的重要作用（师生互动）

①如果用脏手揉眼睛。

老师提问：如果这样做，对不对？为什么？应该怎样做？

总结：同学们的脏手上有很多的细菌，如果用脏手揉眼睛会让眼睛生红眼病，我们如果感到眼睛不舒服可以用干净的毛巾、手绢或者卫生纸擦。

②蒙眼找东西，谈感受。

小结：眼睛是心灵的窗户，是人体中最宝贵的感觉器官，如果眼睛看不见了，我们的世界就是一片黑暗，所以，我们从小就要保护好我们的眼睛。

2. 教育学生要保护好眼睛，预防近视

①应该怎样保护眼睛？

②什么样的行为容易导致近视呢？如何预防近视？

③讨论：有的同学可能会想，我看书写字时眼睛离书本很近，回家也要看很久的电视，可是我的眼睛并没有近视，好像不用专门注意保护眼睛，这种说法对吗？在平时的生活中，你有没有发现自己或者别人有不良的用眼习惯呢？如果你有，将如何改正？

3. 出示幻灯片（保护你的眼睛）

①认真做眼保健操；

②读书写字姿势要正确；

③少看电视，少玩电脑，防止眼睛过度疲劳；

④绝对禁止用尖利的物品接触眼睛；

⑤要补充对眼睛有益的营养，多吃一些对眼睛有好处的胡萝卜、动物肝脏等食物；

⑥定期做视力检查。

4. 培养学生的同情心和乐于助人的品格

盲人的眼睛看不见，无论是学习还是生活都会很不方便，所以，我们要爱护那些眼睛看不见的人，在他们遇到困难的时候，主动去帮助他们。

三、结束语

通过这节课的学习，相信同学们已经知道怎样爱护眼睛了，请大家在学习和生活中经常提醒自己，同学之间也要互相监督、提醒，互相纠正不正确的看书写字姿势，注意用眼卫生，保护好眼睛，让我们都能拥有一双美丽、明亮的大眼睛！

学生新知

丰富有趣，收获多多

美茵校区　三（4）班　代晨菡

在我们学校，每周都有一堂课，是我们非常期待的，那就是家长讲堂。

什么是家长讲堂呢？那是我们学校的一项优良传统，学校每周会请一位家长给大家讲课，在家长讲堂中，我们会学到很多丰富多彩的知识。

因为每周只有一次，所以我们很珍惜那短短的三十分钟。令我最难忘的是张祎璇的妈妈，她的那节课教给了我们一些关于急救的小知识。比如怎样快速止血、路上突然有人晕倒了我们应该怎样救助、有溺水的人被拖上水面我们应该怎样急救等。在讲溺水急救时，她还拿了一个布娃娃做现场实验：首先让溺水者侧卧，拍后背，把肺里的水排出来，如果溺水者还不醒，就做人工呼吸。总之，有很多很多关于急救的小知识，非常有趣又实用，我们非常感兴趣。

自从有了家长讲堂，我们每周连续不断地学到了许多有趣的知识，收获多多。有的家长讲高铁的知识，有的家长给我们做科学实验，有的家长给我们分享有趣的故事，还有的家长给我们变魔术呢！真是精彩呀！

老师这样说

"孩子的成长之路，我们一起陪伴"

美茵校区　三（4）班　杨彦彦

学校开展家长讲堂活动的初衷是：一方面让家长全面了解孩子在校的学习和生活的情况，另一方面也让家长亲身体验教师的工作，利于加强教师和家长之间的理解和沟通，便于家庭和学校日后更好地合作共同做好孩子的教育；同时，还可以更好地发挥家长的特长优势，为孩子提供丰富、优质的教育资源，带动更多的社会力量共同参与孩子的教育，形成社会教育合力，提高教育的实效，共同引导孩子健康成长。

三年来，随着家长讲堂活动的开展，我看到了家长的努力，他们认真地备课、制作课件。他们的课堂内容丰富，形式多样。有的家长利用自身的专业技能给孩子们普及各方面的知识：龋齿的预防以及保护牙齿的方法，保护眼睛预防近视，如何矫正身姿，我国高铁的发展现状，家庭急救小常识……有的家长则给孩子们带来了丰富有趣的活动体验：篮球小游戏，学做寿司，鸡蛋的简易做法，笔筒的制作……

虽然课堂上孩子们千奇百怪的问题，曾让他们哑口无言；有些孩子的调皮好动不受约束，让他们束手无策；有些孩子的过分懒惰与极强的依赖性，让他们有些许的无奈……但这些都不能阻挡他们爱孩子的那份热情，相反，他们从中体会到了老师的辛苦，也感受到了孩子们的那份调皮好动。和他们交流中，我能够感受到他们言语中的那份欣喜，那份对老师的感激与佩服，也更多了一份对孩子们的了解，这使我们进行班级管理有了更强有力的保障。

孩子是每一个家庭的希望，孩子的教育离不开家庭教育与学校教育的相互配合，这一次次的活动，让我们的家校真正形成强有力的合力，更好地为孩子们服务，做好孩子们的引路人。孩子成长的前行之路，我们一起相扶相携、相互理解、相互配合。

儿童口腔保健

授课班级：美茵校区　三（4）班　家长姓名：张国平　学生姓名：张子奥

家长简介：

　　张国平，任职于中国人民解放军第五三四医院，现役军医。张国平认为，对于孩子的学习应多鼓励、多表扬、多提醒、少批评，在日常生活中应以身作则，培养孩子从小养成尊老爱幼、遵守社会公德的好习惯。

授课主题：

　　儿童口腔保健

教学过程：

　　一、牙齿的概述

　　1. 牙齿分为乳牙和恒牙，乳牙和恒牙的替换时间。

　　2. 牙齿的功能：面部的美观；咀嚼吃东西；口腔发音的辅助。

　　二、对牙齿有利和有害的食物

　　1. 对牙齿有益的食物：青菜、水果、粗粮、牛奶等。

　　2. 对牙齿有害的食物：甜品、碳酸饮料、巧克力、冷饮、零食等。

　　三、口腔清洁

　　1. 选择软硬度适当的牙刷，使用正确的刷牙方法刷牙并保证每次刷牙时间，且每个牙齿都要刷到。

　　2. 牙线的正确使用方法。

　　3. 养成勤漱口的习惯。

四、口腔常见疾病及预防

1．口腔常见疾病

①龋齿：龋齿俗称虫牙、蛀牙等，龋齿形成的常见原因。

②牙齿外伤：发生牙齿外伤时的正确处理方法。

③不良习惯：如咬铅笔、含手指、常食用对牙齿有害的食物等。

2．口腔常见疾病的预防

①早晚刷牙。

②用含氟牙膏和保健牙刷刷牙。

③少吃甜食、零食。

④餐后和吃零食后漱口或吃无糖口香糖。

⑤定期做口腔检查。

五、互动

提问部分同学今天授课的主要内容，如乳牙和恒牙的替换时间、对牙齿有害和有益的食物有哪些、每次刷牙至少需要多长时间等。

六、发放小物品

每个同学发放一个"3分钟沙漏"，督促孩子养成正确刷牙习惯。

家长热议

家长走上讲台，和孩子一同成长

美茵校区 三（4）班 张子奥爸爸

时光飞逝，子奥已经是三年级的学生，还记得在她一年级时，我上的第一次家长讲堂，是给孩子们讲"七步洗手法"。时间过去一年多了，讲堂的经过历历在目，现在有时想起仍不觉莞尔。

三年级下学期一开学，老师就把家长讲堂安排表提前告知家长，这下有充足的时间提前准备好家长讲堂的题目、和孩子们怎么互动、给孩子们的小礼物等细节，我们的小家庭着实讨论了一番。考虑子奥有小蛀牙，最后我们达成一致意见给孩子们讲一堂"儿童口腔保健"，并给孩子们准备刷牙时用的"3分钟沙漏"，还考虑了女孩和男孩喜欢不同颜色等细节。

有了第一次家长讲堂的经验，第二次没有了惶恐和紧张，反而有些期待。走进三（4）班的教室，发现他们和一年级时明显不一样了，在老师未到的情况下，同学们井然有序，就像老师在班级一样，纪律性强，完全没有打闹、说话等现象。教室是温馨的，墙面上贴着表扬榜，那是老师对孩子们的激励和呵护。看着孩子们期待的眼神，我有条不紊地给孩子们讲课，主要介绍了牙齿的功能、口腔清洁、对牙齿有损害的食物及口腔常见疾病和预防等。孩子们听得很认真，都争先恐后地回答问题。

家长讲堂上，几十双纯真清澈的眼睛望着你，那份幸福感无法用语言来形容。通过家长讲堂，我了解到老师们的辛苦和不易。愿我们的学校、老师带着孩子们一路前行，在学习中不断进步！

馒头的前世今生

授课班级：美茵校区　三（5）班　家长姓名：刘利勤　学生姓名：李天硕

家长简介：

　　刘利勤，硕士研究生，就职于洛阳市财政局。在用心陪伴孩子成长的过程中，她注重关注孩子情绪的变化，努力做孩子的最佳听众；她认识到每个孩子的唯一和独特性，以耐心和包容来引导孩子；她信奉"父母的格局，决定孩子的高度"，以自身的言行来影响孩子，努力为孩子营造一个好的氛围，带给孩子正能量。

授课主题：

　　带着同学们穿越历史，一起探寻馒头的前世今生

教学过程：

　　一、课前活动

　　提问1：一种以小麦为原料，用蒸笼蒸出来的白白胖胖、松松软软的主食，它叫什么呢？（回答：馒头）

　　提问2：一种以小麦为原料，以肉类或者蔬菜作为馅料，用蒸笼蒸出来的白白胖胖、松松软软的主食，它叫什么呢？（回答：包子）

　　二、谈馒头如何做，追根溯源

　　提问：今天和大家来聊一聊馒头的前世今生，和吃有关，大家是不是很开心？那大家知不知道制作包子或馒头需要哪些东西？（回答：温水、糖、酵母、面粉、蒸笼等）

　　追根溯源：面粉其实是由小麦研磨成的，那么面粉是什么时候出现的？而小麦又是怎么来的？还有蒸笼，也很有来头。

三、开始穿越，了解它的前世今生

五千多年前的新石器时代：那个时期我们中原地区小麦种植还非常少，主要种植豆类。

公元前17世纪的商朝：西亚民族逐步向东部迁徙，将小麦的种植技术传到了中原地区。

商周时期：小麦在中原地区被大面积种植，但那时我们祖先食用小麦的方法还比较原始，吃的就是小麦的颗粒。

战国时期，铁器出现之后，才开始将小麦磨成面粉。

先秦时期：馒头和包子的祖先蒸饼出现了。

秦汉时期：秦汉之前使用青铜器和陶制的蒸笼，竹制蒸笼是秦汉时期发明出来的。（引出韩信发明竹制蒸笼的故事）

三国时期的蜀国：祭祀用的馒头出现了。（引出三国时期关于馒头的故事）

晋朝时期：馒头已经较为普遍，已经逐渐成为人们生活当中的一种重要的祭祀用品。

宋代：馒头、包子不分家。

清代：馒头、包子始分家。

现今："二十八把面发，二十九蒸馒头……"蒸馒头成了北方的传统年俗。

四、总结

在历史的长河中，看似普普通通的馒头，让我们感受到了从远古走来的文明，以及那五千年历史的演进与变革。那么，作为炎黄子孙，我们在餐桌前品尝馒头的时候，是否也会吃出一份不一样的味道呢！

> 学生新知

我爱家长讲堂

美茵校区　三（5）班　霍奕安

家长讲堂就像我们大脑的加油站一样，源源不断地教给我们很多有趣的课外知识，让我们的学校生活更加丰富多彩，不会那么单调。

在《来自大自然的启示》这次家长讲堂上，我明白了大自然是最好的课堂，而各种自然现象也就成为最好的老师。人类社会会发展，大自然也会不断进化。而且，人类社会之所以会发展，就是因为人类一直在向大自然"偷师学艺"。人类无止境地获取大自然的知识，可人类一点儿也不尊敬这位老师，反而还破坏它。人类应该想想：如果没有大自然，我们人类怎么能在地球生物圈中占据如此高的地位？然而，大自然依然一点一滴地给予我们新的知识，真是一位崇高伟大的老师。

回到课堂上，我最感兴趣的是通过观察研究野猪的习性发明防毒面具的故事。平时行动缓慢、呆头呆脑的猪，竟然会教给人们这么深刻、这么重要的知识。它们一点儿也不像人们所说的那么笨，他们竟然懂得在有毒气体"氯"面前如何保护自己，竟然知道泥土有过滤毒气的作用。人不可貌相，动物也是如此。

> 家长热议

孩子成才与家长成长的桥梁

美茵校区　三（5）班　李天硕妈妈

这学期，在北京第二实验小学洛阳分校的家长讲堂上，我和孩子们一起穿越，走进了《馒头的前世今生》：秦汉的蒸饼（馒头的祖先）—三国时期祭祀用的馒头—宋代馒头、包子一家亲—清代馒头、包子始分家—现今蒸馒头成了北方的传统年俗。馒头的前世今生，让我和孩子们一起感受了从远古走来的文明以及那五千年历史的演进与变革。家长讲堂，搭建了孩子成才与家长成长的桥梁。

家长讲堂，是父母成长的平台。每一次的家长讲堂，从选材、教学设计再到教学过程，对于我们来说，都是重新学习知识、提升自己的一个过程。"父母的远见和视野，决定孩子发展的广度；父母的格局，决定孩子的高度。"作为父母，只有不断提升自己、不断充实自己，你的格局才能无限扩大。而每一次的家长讲堂，正是在朝着这个目标奋进了一小步，也是我们在为孩子的成才添砖加瓦。

家长讲堂，是父母给孩子的"知识库存"。每一次家长讲堂，都会带给孩子不一样的知识体验。而这样的知识体验，就是慢慢增加的"知识库存"，知识的库存越多，孩子也越容易受教。我相信，它也终将会转变成孩子成长过程中最肥沃的养料、最深的积淀，一直滋养他到枝繁叶茂！

爱孩子的方式有很多，家长讲堂同时兼顾了关爱和教育的功能。期待北京第二实验小学洛阳分校的家校共进活动越来越好，让我们一起以爱育爱、爱育精彩！

老师这样说

"互联网"

美茵校区　三（5）班　闫海丹

家长们的职业是形形色色的，因此每周的家长讲堂也是丰富多彩的。有医院检验科的家长带领孩子们了解血液，让孩子们知道自己身体里血液的组成，并带来血样让孩子们观察。一节课下来孩子们无不感叹自己身体里原来也有这么多秘密。

有中医院的家长为孩子们讲述有趣的中药、生活中的水果：香蕉是淀粉质丰富的有益水果，味甘性寒，可清热润肠，促进肠胃蠕动，但脾虚泄泻者却不宜多吃；更有用香蕉炖冰糖，医治久咳不愈；用香蕉煮酒，作为食疗。苹果被称为"百果之王"，含有较多的钾，能与人体过剩的钠盐结合，使之排出体外；苹果有补脑养血、宁神安眠的作用……一节课在孩子们的惊奇声中结束了，大家都在感叹大自然真是一座巨大的宝藏。

有一次的家长讲堂是介绍机器人的，家长带来了一台小型机器人，我还记得教室此起彼伏的惊叹声。孩子们如此近距离地感受科技在生活中的妙用，我相信探索的种子会在他们心中开花！

走近军人

授课班级：美茵校区　三（6）班　家长姓名：李胜民　学生姓名：李果阳

家长简介：

　　李胜民，他曾经是一名军人，1997年高考后进入国防科技大学炮兵学院学习，毕业后到基层部队，先后在通信站、导调队、司令部、政治部等部门工作，把最美好的青春奉献给了祖国的国防事业。2010年转业被分配到洛阳市委办公室工作，成为了一名政府工作人员。虽然脱下了军装，但部队的经历一直影响着他，他也一直怀念部队的生活。

授课主题：

　　走近军人

教学过程：

　　一、课堂引入

　　请一位军人身着军装到班里，让孩子们近距离认识军服、军帽及服饰标志等，以引起孩子们的兴趣，让他们说说这是什么服装，身边有没有从事这种职业的亲人或邻居。

　　二、教学实施

　　首先，告诉孩子们我曾经是一名军人，以增加孩子们的信任感；其次，播放海、陆、空三军征兵宣传片，使孩子们对军人有一个大致的了解；接下来，指着这位军人身穿的军服逐步介绍军帽、军徽、军衔、臂章等，使孩子们对军人及军服标志有一个基本的印象；最后，详细介绍解放军的职能，以及解放军演习、训练、学习、教育、抢险、救灾等。

三、启发和总结

既然大家都这么喜欢军人,那么长大了如何才能当上一名军人?让同学们讨论。引导学生从现在开始,就要学好知识、强健身体,这样长大后才有可能当上军人、保家卫国。

四、教学纪念

课后,送给孩子们每人一个军用小茶缸,让他们一看到小茶缸,就能想到解放军,提示自己要向军人学习。

学生新知

家长讲堂的感受

美茵校区　三(6)班　汪奕飞

每周星期五的下午,都是我们在学校最欢快的时刻,也有我们最期待的课堂。因为同学们可以参加自己喜欢的社团活动,还有我们最关注的课——家长讲堂。

家长讲堂上,给我印象最深刻的一位家长是警察叔叔,高大严肃的警察叔叔来到教室里,给我们讲日常安全知识,如何过马路,如何预防被拐被骗,指导我们被骗时如何解救自己。整个学习过程中,同学们都很认真、积极。我们感到警察叔叔很亲切、很温暖。

我知道每一位家长都是在百忙之中来为我们讲课的,所以我们要给家长们留下一个好的印象。我们班的家长讲堂每次气氛都非常活跃,大家都用心思考,积极发言。

我爱家长讲堂

美茵校区 三(6)班 陈思彤

每周五下午我的心情都特别高兴，因为每周一次的家长讲堂就在这个时候。为什么我这么喜欢家长讲堂呢？因为在家长讲堂上我可以学到很多的课外知识，比如细菌的生成、多肉植物的奥秘、有趣的神奇记忆法、下雨前的自然现象……

当然，听讲的收获并不局限于课外知识。家长讲堂的创意是成功的，第一课就深深地吸引了我和其他同学，为我们和家长提供了零距离接触与沟通的机会，给了家长一个展示自己的机会。我们校园正中央有一座雕塑，它代表着老师的精彩、学生的精彩、家长的精彩。每一位家长都有各自的职业，有自己擅长的才能，家长讲堂可以充分展现家长的精彩。

通过这项活动，我深刻感受到了作为老师的辛苦，正是老师们的辛劳与付出，才换来了我们点滴的进步。通过参与这样的活动，爸爸妈妈能够做到真正的换位思考，从而更好地配合老师的工作。

家长热议

家长讲堂感悟

美茵校区 三(6)班 李昕骏妈妈

我很荣幸今天有机会和孩子们一起认识和探讨——良好习惯对一个人的重要性。一个个良好习惯的养成，是一个人成长道路上不可缺少的积累，它直接影响一个人的性格和行为。

作为一个母亲，我深知一个良好习惯的养成是需要从小开始、从平时的点点滴滴开始。在课堂讲述中，我问孩子们：你们认为作为一个小学生，应该养成哪些良好的习惯呢？孩子们积极踊跃举手发言，每个发言的孩子都能说出一个或两个，有的孩子还说了自己平时是怎么去做的。那我们该如何让这些良好的习惯成为我们的自然行为呢？一个良好习惯养成的过程不但需要一个好的方法，更需要坚持。作为一名小学生，在学习上要养成会读书、多读书、读好书、多思考、独立完成作业的良好习惯。在生活中与人相处，应该养成相互理解、相互关心、宽容与尊敬别人的良好习惯。这些良好习惯的形成也离不开父母和老师平时的言传身教和有效陪伴。

一堂课下来，孩子们不但简单认识和了解了一个良好习惯对他们一生的影响，更初步懂得：多一个好习惯，就多一份自信，多一个成功的机会，多一份享用不完的财富。

老师这样说

陶醉于家长们的特色课堂，快乐着孩子们的快乐！

美茵校区　三（6）班　冯靖倚

说起做老师的快乐，我常常想起每周一次的家长讲堂。从接任三（6）班班主任以来，我就荣幸地负责安排我们班的家长讲堂任务，无论是鼓励家长积极参与，安排家长参与顺序，还是每周提前联系家长，了解上课主题，我必亲力亲为。

本学期家长讲堂，家长准备得特别充分，每一节课都有不同的主题和精彩的 PPT 展示：孩子们学会了如何正确地洗手，如何避免流行病的感染，掌握了不同血型人的性格特点，懂得了如何养好多肉植物，了解了必要的安全知识和怎么做到自我保护，还了解了目前最新的宇宙科技知识、寿司的家常做法、下雨前天气变化的自然知识、精彩的海底动物品种、有趣的超强记忆法以及神奇的全自动无人演奏钢琴表演等。无论是哪个主题，家长都能够做到讲解细致，深入浅出，精彩纷呈。作为全程陪伴的老师，在陪伴孩子们全程聆听的过程中，也学到了很多知识，收获了很多，尤其是感受到不同风格家长的课堂风采和文化底蕴。

每一个参与讲课的家长在结束当天的家长讲堂时，都会赢得孩子们雷鸣般的掌声。每一次结束，孩子们都依依不舍，更热情地上前拥抱，看到每一次下课被当成明星一样的家长，我由衷地为他们高兴，这不是一个简单的拥抱，这里面包含了孩子们对家长的认可、喜欢和不舍，更代表了孩子们发自内心的感恩！

家长讲堂感受

美茵校区　三（6）班　齐明明

还记得三年前，我们班开展第一次家长讲堂时，有幸邀请到石悦彤的爸爸——一名优秀的警察。他在班里做了一项测试：在老师不在场的情况下，他用一瓶果奶就把班里的一位同学"诱骗"并带出了教室……在经历了"惊心"的一幕后，孩子们好像都长大了许多。之后石爸爸问孩子们遇到陌生人该怎么办，他们都能够对答如流，但真正遇到问题时，还是有好多孩子不知道该怎么办。通过那次特殊的测验和石爸爸的安全教育讲堂，孩子们的安全意识得到了提高。

在接下来的三年里，我们班的家长讲堂精彩不断：

崔宸语的妈妈是大学生物系的老师，给孩子们讲解关于细菌方面的知识，她提前两天来到班里通过采集孩子们手上的细菌并放于 30 摄氏度的容器恒温培养，使他们了解自己手上细菌的数量和种类，从而引导孩子们养成勤洗手、讲卫生的好习惯，并让孩子们体会生活中注意个人卫生是多么重要。

刘明宇的爸爸是做花卉生意的,为孩子们讲解时下最流行的多肉植物的有关知识,课程结束后还送给每个孩子一小盆多肉植物。孩子们不仅收获了培养绿植的知识,还能在家把这些知识运用于实践,真是一举两得。

张桐责的爸爸是一名桥梁工程师,常年在外地工作,和自己的孩子聚少离多。在二年级下学期就已经安排了他的家长讲堂,桐责爸爸很重视,早早就订了回洛阳的机票,但不巧的是遇到大雪,飞机停飞,他无法来上家长讲堂。桐责得知后很失望,我对桐责耐心开导,他也理解爸爸工作的不易,表示期待下一次的家长讲堂。在三年级的上学期,我又一次邀请张桐责的爸爸上家长讲堂。那次家长讲堂不仅开阔了班里孩子们的视野,还使孩子们接触到了很多课堂上学不到的桥梁知识,也增进了他们父子之间的情感。

家长讲堂充分体现了学校与家长之间的良好互动与沟通,得到了师生、家长的一致好评。我相信这样的家校活动对家校联手共同培养学生会有很大的帮助。

对信访的了解和认识

授课班级：美茵校区　三（7）班　家长姓名：李亚旭　学生姓名：李京亲

家长简介：

李亚旭，2003年至2013年在教育系统任校长，2013年从教育系统到信访局工作至今。

授课主题：

对信访的了解和认识

教学过程：

一、导入问题，整体感知

1. 什么叫信访？

2. 信访的反映渠道。

3. 你眼里的信访是什么？

二、关于信访

1. 信访反映问题流程图。

2. 办理期限。

3. 怎样提出自己合理的诉求。

4. 提问交流。

三、学习了解信访渠道畅通篇

1. 绿色邮政。

2. 网络信访。

3. 电话信访。

4．办理程序。

四、了解违法信访追究，信访人不得有下列 6 种行为

1．在国家机关办公场所周围、公共场所非法聚集、围堵、冲击国家机关、拦截公务车辆，或者堵塞、阻断交通的行为。

2．携带危险物品管制器具的行为。

3．侮辱、殴打、威胁国家机关工作人员，或者非法限制他人人身自由的行为。

4．在信访接待场所滞留、滋事，或者将生活不能自理的人弃留在信访接待场所的行为。

5．煽动、串联、威胁、以财物诱使、幕后操纵他人信访或者以信访为名借机敛财的行为。

6．扰乱公共秩序、妨害国家和公共安全的其他行为。

五、互动交流

1．举例子判断是否合法信访。

2．案例举例。

六、发放宣传资料

七、作业

告诉身边的人要依法反映自己的合理诉求。

学生新知

我喜欢家长讲堂

美茵校区 三（7）班 郭珂欣

开始我不懂什么叫家长讲堂，认为家长上课能讲什么呢，如果家长能上好课，那不都成老师了吗？

随着越来越多的家长讲课，我知道了家长就是最好的老师，他们身上有

我学不完的知识，他们身上有非常优秀的品质。

家长们讲课的内容包罗万象，丰富多彩。大的有天文地理、科学幻想、新闻趣事；小的有接人待物、道路交通、行为习惯。真是应有尽有，使我们学到了课本上学不到的知识。

就拿我妈妈来说吧，她讲的"动画片制作"已经过去几个月了，可我现在想起来还记忆犹新。

"动画片制作"是一项非常烦琐的工作，分工极为细致。

妈妈的讲课使我明白了一个道理，做什么事情只要认定目标，就不放弃，学习也是这样，需要的是坚持和勇气，迎着困难上，只有这样才能使自己梦想成真。

家长小课堂，我们大收获

美茵校区　三（7）班　李尚璟

在一周的七天中，我最盼望的就是星期五了。这一天，不仅有我喜欢的社团活动和古筝课，还有同学们都期盼的家长讲堂。就拿这学期来说吧，我们班郭珂欣的妈妈讲了关于电影的发展史，张嘉怡的家长讲了关于钱币的小知识……这些新奇而有趣的知识都是我以前闻所未闻的，它们对我有着强大的吸引力。

在这些家长讲堂中，我最喜欢的就是我妈妈的书法简介课了。记得那个星期，我一直缠着妈妈给同学们讲关于书法的知识，因为每当我看到别人大笔一挥，一幅漂亮的字就"新鲜出炉"的时候，心里别提有多羡慕了，甚至连做梦都想成为书法大师呢。那几天，妈妈下班一回家就在电脑上查阅书法的知识，觉得有用的就打印出来，不时地拿着毛笔比画着，还买来了好多毛笔和水写布呢。终于到了星期五下午，我既紧张又兴奋，紧张的是担心妈妈讲不好，兴奋的是希望同学们能从妈妈讲的课中有所收获。那节课上，妈妈从中国文字的发展讲到现代书法的基本技法，同学们拿着毛笔跃跃欲试，不是我吹牛，我觉得那节课同学们最专心、最活跃、收获也最大了。

回到家中，妈妈对我说，通过这次家长讲堂，她自己也学了很多新知识呢！连大人都这么虚心，我们更要像海绵一样，吸收着家长讲堂带给我们的各种知识。

家长热议

家长讲堂有感

美茵校区　三（7）班　陈露凡妈妈

我已去学校给孩子们上过两次课了，到现在还清楚地记得第一次去上家长讲堂的情形，虽然时间过去了很久。

刚知道学校有家长讲堂安排的时候，觉得好麻烦呀！将学生送到学校上学，老师讲、学生学就好了，为什么还要家长去学校上课呢？有这样的想法主要是因为从来没给别人讲过课，不知道该给孩子们讲什么，也不知道该怎么讲。

但随后我就明白了学校设置家长讲堂的用意。在学校，老师主要是教授课本上的知识，其他方面的知识即使涉及了，也是有限的。而各位家长，来自各行各业，涉及不同的领域，每个人对知识、对世界都有不同的认知，大家从自己的角度去准备一些知识讲给孩子们，会极大地拓宽孩子们的视野。同时，我们在做准备及上课的过程中，也体会到了老师工作的辛苦。还记得从最初选材时，我就在想：我要讲的内容孩子们会感兴趣吗？我要怎么做课件孩子们才会听着觉得简单易懂还不会无聊？上课时用什么语速呢？如何与孩子们互动呢？把这些做好太难了。虽然很努力了，但上课的时候还是出了一些小状况，没有达到自己想要的结果。

第一次上课，我为了管好课堂秩序，也为了让每个孩子都听到我的声音，一节课下来，嗓子竟然哑了。真不敢想象，老师们整天面对这群孩子是什么情形。

第二次上家长讲堂，我已没了第一次时的焦虑和紧张。与第一次上课的时间隔了很久，孩子们也都长大了很多。他们依然天真、好奇，但是懂事、礼貌、遵守规矩。上完课，我甚至对自家孩子也有了不一样的认识。

家长讲堂就是这样神奇，能让孩子开阔视野，能让家长更理解老师，甚至还能看到自家孩子不同的一面。感谢学校做这样的课程设置，让我能从这样一个角度参与孩子的成长！

家长讲堂之我见

美茵校区　三（7）班　李明睿爸爸

这学期的家长讲堂是我第二次来学校给孩子们讲课了，整个过程给我留下了深刻的印象。

我准备的题目是"外出旅行的安全常识"，当时和李明睿妈妈商量做PPT时，考虑到是春暖花开的季节，周末的时候，同学们和爸爸妈妈外出游玩的会很多，所以就想着做一节有关外出的安全知识的课。说实话，到教室之前，我挺紧张的，生怕孩子们太闹，自己控制不了班里的秩序，但来到教室之后，孩子们的表现完全出乎我的意料。课堂上，孩子们个个都很有礼貌，看见我进教室就大声向我问好，提问时，没有人抢着说，而是规规矩矩地把小手举得高高的，提到哪位同学时他才站起来回答问题。对待同一个问题，每个孩子有各自不同的想法和观点。我的心里不禁赞叹，多聪明的孩子啊！对比自己小时候上三年级时的情景，简直有天壤之别。

站在讲台上，面对一群这么优秀的孩子，我深切体会到每日老师上课时的心情。现在的孩子大多是独生子女，在家里爷爷奶奶爸爸妈妈围着一个孩子转，而在学校，一个老师要照顾五十多个孩子，其中的辛苦可想而知。作为家长，我们会全力配合学校的工作，让孩子在充满爱和感恩的环境中健康成长。

老师这样说

家长讲堂，助力成长

美茵校区　三（7）班　马迎春

学校教育始终离不开家长，家长的理解与支持是学校前进与发展的动力，因此，家长走进课堂，是家校联系的一条有效途径。自北京第二实验小学洛阳分校成立至今，一直践行着，受到老师、学生的一致好评，家长讲堂也是益处多多。

家长讲堂的开展有利于学校、家庭与社会资源形成共享，让学生学到课堂之外的知识。家长们都非常重视家长讲堂，开学之初，将安排表发给家长，一学期之内，无须提醒，轮到哪个家长，他们一定是精心准备后出现在孩子的面前。家长将"茶艺"带进了课堂，让孩子了解到中国茶文化的博大精深：洗杯—落茶—冲茶—刮泡沫—洗茶—泡茶—烫壶—倒茶—点茶—奉茶—喝茶；让孩子感受到，喝的不仅是茶，更是一种文化。"显微镜"进教室了，孩子们好奇极了，争先恐后地去观察那些用肉眼看不到的世界，微生物、细胞的存在也是别有洞天。孩子接触到更多的科学小实验：熟鸡蛋能浮在水面上吗？纸片能托起一杯水吗？纸到底能承受多大重量？……还有安全、卫生、民族、电子等各种各样孩子平时接触不到的知识，丰富了孩子们的知识，开阔了孩子的眼界，让他们对各行各业都有了大致的了解，小学六年下来，这将是多大的一笔财富！

家长深入课堂，能让家长与老师有更多沟通交流的机会，有利于家长对老师工作的理解与支持。课程结束后，很多家长都会和我沟通："老师，你们真不容易，一个孩子我们都难管理好，你们管理一班五十多个孩子，想想都不容易。"当每个家长都有这种体会时，他们就能更好地理解老师，当老师与他们沟通问题时，他们也能积极配合。是家长讲堂让家长们更有耐心了。

家长讲堂也为家长提供了与孩子零距离接触与沟通的机会，让家长知道如何与孩子沟通，用什么样的方法和语言才能更好地提高孩子的学习欲望，让家长知道自己的孩子是最棒的，只有与他们沟通，才能知道孩子需要什么、想要干什么，这样才能让孩子了解老师、了解父母的心情。

我衷心希望家长讲堂一直走下去，让学生、老师、家长都受益。

家长讲堂感悟
美茵校区　三（7）班　张晓娜

记得刚到北京第二实验小学洛阳分校时，美丽的校园，干练的领导，亲切的同事，可爱的孩子们……处处吸引着我，让我每天都生活在一个充满朝气而又新奇的世界里，每周五的家长讲堂更是我非常盼望的。

家长是孩子的监护人，也是孩子成长的重要陪伴者，同样，家长由于自身的经历、职业的不同，更是教育孩子、丰富孩子的课外生活、扩大孩子知识面的重要资源。家长讲堂正是充分发挥这一资源的平台。

例如，煤气、天然气是现代家庭厨房用得最多的，对它的安全使用也是至关重要的,"天然气专家"刘峥琦的妈妈给孩子们带来了《燃气安全 我能行》,让孩子们了解使用天然气的注意事项,教给孩子们正确使用天然气的方法,了解天然气的使用中易出现的问题及简单的处理办法。

再如,中国有句俗语"开门七件事,柴米油盐酱醋茶",饮茶习惯在中国已根深蒂固,已有上千年历史。茶已然成为中国人日常生活中不可缺少的一部分,而茶艺则是一种生活艺术、一种人生艺术,更是一种形式和精神相互统一的品茗文化。在家长讲堂上,肖奥冰的妈妈带着茶和茶艺,来到了我们的教室里,教孩子们如何认茶,如何品茶,如何煮茶。一节课下来,孩子们学到了许多关于茶的知识。

…………

实践证明,家长走进课堂不仅让孩子获得了课外知识,家长获得了教学经验,更让家庭教育与学校教育配合得更加密切。很多上完家长讲堂的家长,见到我们第一句话就是"老师,真的体会到你们的不容易啊",同样,有了这样的经历,在处理家校问题时,家长们明显能站在老师的角度思考问题,从而使家校沟通更加顺畅。

端午习俗

授课班级：凝碧校区　三（1）班　　家长姓名：王晶晶　　学生姓名：申思涵

家长简介：

有这样一位家长，平常相处时，虽然言语不多，但每一次班级工作及学校工作她总是大力支持，她就是我们班申思涵的妈妈——王晶晶。

授课主题：

端午节

教学过程：

一、通过游戏让孩子从中找到乐趣

目的：激发兴趣，找到自信，寻找快乐。

形式：互动游戏，用肢体动作模拟四种不同的天气。

1. 先引导大家以如下四种方式发出声音：

手指互相敲击——巴掌轮拍大腿——大力鼓掌——鼓掌加跺脚，宣布每种声音代表自然界中的一种现象：

手指互相敲击——"小雨"；巴掌轮拍大腿——"中雨"；大力鼓掌——"大雨"；鼓掌加跺脚——"暴雨"。

2. 开始读一段话，要求大家听到相应的词语就做出代表它的动作，引导大家合奏一曲"雨点变奏曲"。

3. 问：同学们，做游戏开心吗？

4. 今天，不仅给你们带来了游戏，还要带大家一起了解中国的传统节日。

二、了解中国重要的传统节日

1. 集中讨论：中国都有哪些重要的节日呢？

2. 交流评价。

3. 总结：是呀，我们中国的节日太多了，中国的历史文化博大精深。

4. 猜谜语引出本课主题：端午节。

三、了解端午节的来历

1. 同学们，我们一起了解了端午节的来历，你们知道端午节都有哪些习俗吗？

2. 端午节的习俗。

四、学生谈感受，激发情感

1. 今年的端午节你准备怎么过呢？

2. 你们有没有亲手包过粽子？

3. 你们有没有观看过赛龙舟？有什么感想？

4. 对于端午节这种中国文化传统今后是否还必须传承下去？

五、结束

欣赏赛龙舟视频。

学生新知

今日事今日毕

凝碧校区　三（1）班　王攀豪

星期五下午，当我们上完第二节课后，老师像往常一样走进教室，宣布家长讲堂的注意事项。当老师告诉我们，今天的家长讲堂由我爸爸来讲时，我十分兴奋。我还记得上二年级的时候，爸爸专门从郑州回来给我们讲的关于自信的话题，今天爸爸会给我们带来什么内容呢？

正想着，爸爸已经推开教室的大门走到了讲台中央，简单做了一个自我介绍后，就用寒号鸟的故事引出了所讲的主题"今日事今日毕"。其实爸爸讲的这个主题，白老师从我们一年级的时候就一直在强调让我们养成良好的习惯，今天的事情今天一定要做完。但是爸爸带来的有趣的故事、搞笑的语言和脱稿演讲的风格，活跃了课堂气氛，调动了我们很多同学的积极性。

爸爸今日讲的"明日复明日，明日何其多。我生待明日，万事成蹉跎"，对我影响特别大。我知道了：如果把什么事情都放在明日去做，那什么事情都可能干不成，终将一事无成、虚度光阴，我们要从小事做起，从今日做起，养成一个好习惯。

家长热议

创意无限

凝碧校区 三（1）班 董佳妮家长

2017年4月，我参加了女儿班级的家长讲堂活动，这是学校推出的新型课程，有利于拉近孩子与家长的距离，是一个非常有意义的活动。

下午3点整，我带着紧张和忐忑的心情走进了学校，来到了教室门口，看到孩子们已经端端正正地坐在自己的座位上，期待着家长的到来给他们带来既有趣又有意义的互动课堂。

我给孩子们展示的是创意手工，是用长气球做出不同的造型，有天鹅、小狗、手枪。时间有限，同学们选择了做天鹅和手枪，女同学学做天鹅，男同学学做手枪，我还请了李佳玉的妈妈来帮忙，我们一人教一种，班主任负责管理学生，几十分钟教下来，我已全身冒汗，但是看到同学们学得很努力，做的手工很好看，心里还是非常高兴的。

我个人收获还是颇多的，走进课堂近距离了解后，被孩子们身上散发的那种阳光、积极、文明、诚实、上进的品质所感染，为自己的女儿能生活、学习在这样优秀的环境中而感到高兴，这些都离不开老师们的精心辅导和耐心教育。在讲台讲解和实践的几十分钟里，我口干舌燥，全身冒汗，可老师们每天都是这样不知疲倦，让我深深地感受到做一名教育工作者的不易，特别是带低年级的学生，班级人数多，孩子年龄小，课程紧张的情况下还要提高成绩，培养学生素质，这过程的艰辛我们难以想象。所以，在以后的时间里我一定要积极配合老师的工作，共同保证孩子们在学校里健康快乐地成长。

老师这样说

因爱携手

凝碧校区　三（1）班　白寓

学校的家长讲堂活动已经开展了好几年，怎样才能更好地调动大家参与的积极性？从一年级的第一次家长会我就告诉家长这项活动需要人人参与，每学期12～15名，正好两个学年的时间轮一圈，照这样计算大家在孩子上小学期间每人平均参与3次，而我们班每个学期的第一次家长会的最后一项内容就是根据自己的情况报名参加本学期的家长讲堂，时间可以根据老师提供的时间自由选择。从一年级到现在共6个学期，每一学期的家长讲堂报名活动都能顺利开展，这要感谢我们班的家长对我们工作的大力支持！

家长们每一次准备的内容都很丰富：在清明节、端午节、中秋节、春节这些中华民族传统节日前夕，他们给孩子们带来了关于节日的传说及节日的由来；在劳动节和国庆节来临之际，他们又对孩子们进行了爱劳动和爱国教育；知道孩子们喜欢做手工，他们为孩子们带来了手工制作；还有的家长为孩子们带来了关于植物、动物、科技、电力、空气、环保等方面的知识……

我们的家长都很用心：有的家长不会说普通话，就先找内容，请人帮忙做好PPT，再让孩子一句一句地教；有的家长在电脑上找好资料后，怕自己忘记，又一字一字地抄写下来；有的家长在报名后就开始准备，准备的时间跨越了整整一个学期；有的家长怕自己完成不好，请专业人士来为孩子们上课；有的家长怕别的家长有特殊原因不能按时参加，主动找到老师申请替补……

我们因为孩子相聚在一起，我们因为对孩子的爱互相理解、支持，携手向前！感谢家长们对家长讲堂活动的积极参与，与你们同行真好！

保护牙齿

授课班级：凝碧校区 三（2）班　家长姓名：卫小迪　学生姓名：卫阳怡

家长简介：

卫小迪，卫阳怡姐姐，就读于河南科技大学。

授课主题：

保护牙齿

教学过程：

一、导入

9月20日，是我国的"爱牙日"。本次讲座主题是"爱护牙齿，从小做起"。

二、小调查

调查了解学生对牙齿的了解有多少。

1. 爱牙日是什么时间？

2. 人的一生长几次牙？

3. 第一次长出的牙齿叫什么牙？

4. 第二次长出的牙齿叫什么牙？

5. 乳牙脱落以后能不能长出新牙齿？

6. 恒牙脱落以后能不能长出新牙齿？

7. 如何正确刷牙？

三、认识牙齿

1. 牙齿的作用

①咀嚼；②辅助发音；③美观。

2.牙齿的种类

①乳牙（20颗）；②恒牙（28—32颗）。

3.保护牙齿的重要性。

4.介绍龋齿的危害、形成原因。

5.如何养成良好的口腔卫生习惯。

四、刷牙方法

1.竖刷法；颤动法；生理刷牙法……

刷牙要动作轻柔，不要用力过猛，但要反复多次。牙齿的每个面都要刷到，特别是最后的磨牙，一定要把牙刷伸进去刷。如果将前面的几种方法结合起来，则效果会更好。

2.三岁开始刷牙，每天刷两次，每次三分钟。

注意事项：饭后要漱口，晚上刷完牙不能吃东西，如果吃东西要再刷一次。吃东西不能冷一口、热一口。吃完酸性食物、喝完碳酸饮料或者呕吐完后，不要立即刷牙，建议先用清水漱口，待半小时后若有条件再刷一次牙。

五、总结

希望同学们通过今天的爱牙健康知识宣讲活动，增强学生口腔健康观念和自我口腔保健的意识，落实口腔保健行为，从小养成爱护牙齿的习惯，科学地保护牙齿，掌握口腔保健常识，提高自我保护的意识。

学生新知

要吃健康食品

凝碧校区　三（2）班　尹瑾睿

星期五的下午，由王浩铭妈妈主持家长讲堂。

上课了，阿姨告诉我们她讲的内容是饮食安全，要让我们知道什么不能吃，什么要多吃。

阿姨先告诉我们有些饮料最好不要喝，比如可乐等。虽然最好不喝可乐，但可乐也有非常好的用处，比如刷马桶，用可乐刷得非常干净。不过，我想，用可乐刷马桶太奢侈了，还是用专门的洁厕净吧。

然后，屏幕上出现了一些垃圾食品的图片，顿时我都快要吐了，因为我知道里面的鸡都打了激素，阿姨让我们看了几张打了激素的鸡的图片，天哪！一条腿、两条腿、三条腿……太恐怖了！

家长讲堂结束了，我们也收获了不少知识，这节课太有意义了！

我健康，我快乐，我成长，请食用绿色健康食品。

家长热议

感悟

凝碧校区　三（2）班　王浩铭妈妈

今天，我有幸参加了学校组织的家长讲堂，感想颇多。

当我一走进教室，孩子们就围了上来，很热情地和我打招呼，听说我要讲课，又急切地问这问那，我被孩子们的好学多礼所打动。这是一群多么优秀的孩子啊！无论是老师还是家长都愿意为他们上课，都愿意去丰富他们的精神世界。当然这与老师们的日常教育是分不开的。

我今天讲的主题是"饮食与健康"。在课前我搜集了许多相关的图片和资料，为了能把枯燥的知识讲得生动些，我还精心准备了PPT，以便能更形象、更直观地将这些内容展现在孩子面前。课上，孩子们热情高涨，认真专注地听课，积极地回答问题，并进行热烈的讨论。一堂课就在轻松、欢快的气氛中不知不觉讲完了，我很欣慰。

家长讲堂这种上课形式很具有创新性，不仅拓宽了学校的教育资源，也拉近了家长与孩子之间的距离，同时还填补了孩子的知识空白，拓宽了孩子的知识面，也让我们体会到老师们日常的辛劳！

老师这样说

让我悄悄地认识"你"

凝碧校区　三（2）班　张苏毅

家长资源是学校最为丰富的校外教育资源，通过家长进课堂活动，学生们学到了很多知识，家长们也更深入地了解了班级和学校，更好地推动了班级、学校的发展。

本学期我们共邀请了16位家长走进我们的课堂，通过这16次风格各异的家长讲堂，孩子们增长了知识，开阔了眼界，认识到学习的重要性。

每一位家长在进课堂前都与老师沟通并且备好课、做好课件。每一位家长都认真准备，刚开始或多或少都有点紧张，但是，随着教学的深入，他们逐渐和学生们融合在一起，班里的孩子们也特别喜欢他们。

在本学期的家长讲堂中，孩子们也在悄悄地发生着变化。参与课堂授课家长的孩子，因为家长的到来，自信了很多，在学习能力和生活能力方面进步很大；因为家长来的缘故，其他孩子特别遵守纪律，课堂纪律方面有了进步。看到每位家长写的教学反思，自己也十分感动，孩子们的变化我也是看在眼里，喜在心里。另外，我也感受到家庭教育、家长的精神面貌对孩子的影响，只要有勇气走进课堂的家长，他的孩子也就特别自信。

通过开展家长讲堂，我们充分发掘了家长自身的教育资源，拉近了家长与老师、家长与学生之间的距离，给家长和学生创设了一个相互交流的平台，给家长和老师提供了一次增进了解、互相学习的机会，从而促进了和谐家校联系的构建和学生的全面发展。

保护眼睛

授课班级：凝碧校区　三（3）班　家长姓名：贾改芳　学生姓名：毕永琪

家长简介：

贾改芳，毕永琪的妈妈。她热心公益，热爱教育，是家长们的知心大姐，是孩子们的良师益友。

授课主题：

保护眼睛

教学过程：

一、自我介绍

二、眼睛能做什么

三、近视眼形成的原因

1. 长时间盯着手机或电脑看。

2. 睡前不洗脸。

3. 在光线差的地方看书、玩游戏。

4. 熬夜过度，没有适当休息。

5. 眼睛离书本或者屏幕太近。

四、怎样保护我们的眼睛呢

1. 眼保健操。

2. 眼呼吸凝神法。

3. 熨眼法。

五、提问同学还有哪些保护眼睛的方法

六、对眼睛有益的食物、蔬果（配图片）

七、课堂总结

让孩子了解一些保护眼睛的方法，使每个同学都能从小做起，保护、爱护自己的眼睛。

学生新知

小手干净了

凝碧校区 三（3）班 张贺豪

给我印象最深的家长讲堂内容就是霍璐瑶爸爸讲的防疾病知识。

夏天应该防什么病？叔叔先挑了几位同学，让他们说夏天容易得什么病。有人说手足口病，有人说腹泻，有人说禽流感。我也高高举起手，霍璐瑶爸爸叫了我，我大声说："肯定有中暑！"叔叔表扬了我，还给我竖了一个大拇指，我开心极了。

接下来叔叔打开了幻灯片，让我们明白了夏季都有哪些常见病。叔叔说皮肤病是夏季容易发生的，由于夏天高温、潮湿的环境，皮肤上容易生痱子，蚊虫叮咬也易导致皮肤病，叔叔告诉我们要少吃辛辣食品多喝绿豆汤。还有中暑是因为人在高温环境下体温调节失去了平衡，如果你真的中暑了，马上走到阴凉地方，多喝水。

最后，霍璐瑶爸爸告诉我们夏季最需要注意个人卫生，因为皮肤裸露在外较多，应该养成勤洗手、勤洗澡的好习惯，还让我们看了几张显微镜下脏手上的细菌照片。好恐怖呀，我们平时就是用有这么多细菌的手拿东西吃，可真吓人，以后可得注意卫生了。

回到家里，不用妈妈提醒，我就自己拿起小香皂洗起小手来，妈妈奇怪地盯着我看了半天，看到妈妈迷惑不解的样子，我告诉她是听了霍璐瑶爸爸的家长讲堂。妈妈笑着说："看来，这家长讲堂还能让我家的'小脏猫'讲卫生，这可太好了。"

家长热议

参与才能明白

凝碧校区　三（3）班　刘同锐家长

自己上小学时，曾经梦想站在教室里给孩子们上课，现在学校开展的家长讲堂，让我圆了儿时的梦想。

教育是摆在每个人面前的事情。对教育的认知不同，造就了各种不同的教育方式，所以我也为孩子的教育感到困惑和焦虑。孩子上学了，学校什么样？同学什么样？老师怎么样？孩子在课堂上是什么状态？这样的困惑一直伴随着我。

直到家长会，宋老师讲了家长讲堂这件事，我想：这是一次接近学校、走进班级、了解老师的机会，于是我欣然报名。

接下来，我认真准备，积极选择课题，这个过程可是有些艰难呢，原来老师每天的工作还真不容易。为了吸引同学们，我尝试从孩子的视角去思考问题。当用孩子的视角去看教育时，我突然发现，教育不就是和孩子做朋友，与孩子一起学习成长吗？于是，我尝试像孩子的朋友一样与之沟通，尊重孩子，我发现孩子大不一样！这时候，我才知道以前自己是多么无知！

作为家长，能够参与孩子的成长，能够亲身体验孩子的学校生活，这对于我们来说是一次人生历练。家长讲堂为我们家长带来了一次机会，增进了家长与孩子的互相了解和信任，助推了孩子的成长。

爱护牙齿，从小做起

授课班级：凝碧校区　三（4）班　家长姓名：殷勤爱　学生姓名：李家璇

家长简介：

殷勤爱，是一名全职妈妈，积极支持孩子参加校内各项活动。

授课主题：

爱护牙齿，从小做起

教学过程：

一、游戏导入

1. 游戏：看图片猜器官。（PPT：人体器官图片）

2. 聊一聊牙齿的作用。

二、护牙方法我知道（了解保护牙齿的方法）

1. 指名结合自己的生活经验说，相继追问。

预设：①早晚刷牙。（板书、贴图）

A. 刷牙：刷几次？什么时候刷？

B. 早晚刷牙：为什么要早晚刷牙？

C. 漱口：如果学生答出来则肯定，如果学生没有答出来则在"少吃甜食"部分体验。

预设：②少吃糖。（板书、贴图）

为什么要少吃甜食？

预设：③使用儿童牙膏牙刷。（板书、贴图）

捕捉现场资源，提醒孩子们要用儿童牙刷、牙膏。

比较成人牙刷和儿童牙刷的刷头,引导学生发现儿童牙刷的刷头小,刷毛更软,便于清洁牙齿。

预设:④定期检查。(板书、贴图)

定期检查能帮助我们及早发现和治疗换牙期间牙齿出现的一些问题。

三、我来学刷牙(进一步认识刷牙行为,掌握正确的刷牙方法)

1. 你们平时是怎么刷牙的?

抽两名学生上台展示(其中一名学生刷牙方法不正确)。

(PPT:播放刷牙视频,配上儿歌)

2. 示范刷。

示范刷满口牙齿。学生评价。

3. 齐读刷牙歌。

4. 练刷牙。

四、护牙好习惯(课外延伸)(初步养成良好的刷牙习惯,产生保护牙齿的愿望)

想拥有健康的牙齿,可不是一次刷牙就能行的,必须得每天坚持,养成刷牙的好习惯。给每个孩子发一张表格,让爸爸妈妈或者爷爷奶奶每天提醒他们坚持刷牙。(PPT:一周刷牙情况评价表)

学生新知

有趣的一节课

凝碧校区 三(4)班 范昊祥

我们学校每星期五都有家长讲堂,每次家长讲堂都很有趣。家长精神抖擞地走上讲台,同学们认真听讲,积极发言。最令我难忘的是高一和的家长。

当高一和的家长走进教室时,我想高一和平时的成绩不太好,应该和他妈妈的教育有关,他妈妈一定是不会教育他,这课她也未必能讲得好吧。当高一和的妈妈走上讲台时，她对着大家说："请大家安静！当我说'高品质'的时候大家都要说'静悄悄'，并且在位置上坐好。"全班同学马上静悄悄的，一点儿声音也没有了。阿姨说做一个游戏，名字叫作水果蹲，接着给我们讲了游戏的规则。我们都兴高采烈地讨论起组长人选和小组的名字来。大家组成苹果组、水蜜桃组、香蕉组、樱桃组等。

游戏开始啦！整个班级都沸腾了起来，但是在阿姨的组织下，显得特别有序。最后我们苹果组的分数最高，得到了阿姨的奖品。我真喜欢阿姨讲的这节课。

家长热议

走进课堂，走入心灵

凝碧校区　三（4）班　白莹阁妈妈

家长讲堂是学校一直以来的特色之一，我从刚开始的不理解、不明白和不支持到现在的理解、鼓励和感激。

家长对于孩子的教育和影响其实并不亚于学校的老师，这是我一直以来的观点，但是我却做得不好。上次我去家长讲堂分享的是关于旅行这个主题，虽然只有短短几十分钟，但是我可以感受到，孩子们的专注和认真。我分享的主题和学习并没有很大关系，但是对于开阔他们的视野却有很大帮助。这何尝不是我们家庭对于教育的一种体现和帮助。当孩子看到自己的家长努力学习，他们也会深受教育。

走进孩子的心灵，不是靠监视，而是靠沟通。与孩子合作是父母与孩子有效沟通的一种好方法。父母与孩子的合作有利于他们相互交流，产生共同的话题，增进彼此的感情。

老师这样说

家校结合，共筑精彩

凝碧校区　三（4）班　周燕莉

苏霍姆林斯基说：如果没有整个社会首先是家庭的高度教育素养，那么不管老师付出多大的努力，都收不到完美的效果。正因为如此，老师与家长的合作是保证教育质量的关键因素。家长讲堂一直以来都是我校的一大亮点，开设这样的课程，能够使学生学到许多在课本上学不到的知识，开阔了学生的视野，丰富了学生的知识，增强了学生学习的积极性和主动性，因此深受学生们的喜爱。

在这学期的家长讲堂活动中，我们班的家长积极参加，走进教室，在体验老师的整个教学过程的同时，为孩子们带来了一节又一节平时在学校经历不到的精彩课程。

李锦豪的爸爸是一名转业军人，他给大家带来了关于部队训练的一些知识，也正是在他的课堂中，孩子们第一次见到了真的子弹壳，他们那惊讶兴奋的表情到现在我还历历在目。董梦琪的妈妈为孩子们呈现了一节丰富的"食品安全教育"课，在课上她让孩子们去辨认垃圾食品和健康食品，从那时开始，我们班吃零食的情况明显减少了。韩嘉村的妈妈向学生们讲授了洗手的常识，当时正是春夏传染病的高发期，防止病从口入是预防传染病的关键。韩嘉村的妈妈自己带了脸盆、毛巾、香皂、洗手液等，带领孩子们一遍一遍地学习洗手的方法，看到学生们认真的样子和正确的手法，不禁为他们的进步而高兴！

学生们认真听讲的样子，不正反映出"兴趣是最好的老师"这句话的正确吗？只要是孩子们喜欢的、愿意做的，他们自然愿意去学，愿意听从老师的教诲。所以在今后的教育教学中，我们应该精心设计教案，耐心辅导学生，从学生兴趣着手，让学生们"亲其师，信其道"。

中国人民解放军三大兵种介绍

授课班级： 凝碧校区　三（6）班　　**家长姓名：** 陈丽娟　　**学生姓名：** 常宇翔

家长简介：

　　陈丽娟，十多年来一直从事教育事业，如今担任幼儿园园长职务。她特别喜欢小孩子，享受在童真的世界里那份纯净的感情。对每一次班级工作及学校工作总是大力支持，注重对孩子学习习惯的培养。

授课主题：

　　中国人民解放军三大兵种介绍

教学过程：

一、谈话，引发学生参与活动的兴趣

1. 同学们，你们喜欢解放军叔叔吗？你知道解放军叔叔是干什么的吗？
2. 师小结：解放军在保卫着我们的祖国，让我们过着幸福和平的生活。

二、通过图片，初步感知海、陆、空三军

1. 看图片，海、陆、空三军护旗的镜头。
2. 提问：你看到了什么？引导孩子们区分海、陆、空军的区别。

三、认识海、陆、空三大兵种

1. 认识海军。

①出示海军图片。引导学生观察海军的着装。

②引导学生说海军在什么地方作战，使用哪些武器。

③师小结：海军在海上作战，保卫着我们的领海。

2. 以同样的方式认识空军和陆军。

空军在空中作战,保卫着我国的领空。

陆军在陆地作战,保卫着我国的领土。

3. 比较海、陆、空三军的服饰和武器。

四、巩固认识三军

提供三军的衣服、帽子、武器的小图片,让学生按兵种分类。

播放歌曲《我是勇敢小兵兵》,教学生们律动,教育学生们学习解放军叔叔勇敢、坚韧不拔的精神。

家长热议

有创意,有爱意

凝碧校区　三(6)班　焦毅雯家长

学校推出了一个创新举措——家长讲堂活动。在做了较为全面的准备后,我走上了讲台。我被孩子们身上散发的那种阳光积极、文明上进的品质所感染,我进一步发现了他们身上我不曾看到的一面。真的感谢学校提供了这样好的一个平台。这样的家校沟通,有创意,有爱意,更有效益!

老师这样说

做正面的榜样

凝碧校区　三(6)班　庞彦辉

周五下午第二节是家长讲堂,本学期我对三次家长讲堂印象最深刻,这三次分别是"胎生和卵生""中国人民解放军三大兵种介绍""水果拼盘"。"中国人民解放军三大兵种介绍"是常宇翔家长带来的一节有关中国人民解放军知识的家长讲堂，这是我所不具备的知识。

通过这次家长讲堂，我发现孩子们对中国人民解放军的认识有浓厚的兴趣。在通过图片区分海、陆、空三军的过程中，孩子们在平时的认知基础上，更明确地区分开这三个军种的不同，激发了孩子们的爱国之情。

感谢家长为孩子们带来了各方面的知识，感谢学校提供这样一个平台能让家长走上讲台给学生带来弥补学校教育的某些空白的课程。除了以上对学生的影响，我认为家长讲堂对家长也有积极的影响。

一、给孩子做正面的榜样

以前，学校的家长讲堂，都是家长去听课、去学习。现在升级了，家长也有机会走上神圣的讲台，客串一回老师的角色。一位家长对自己的孩子说："给你们班上课，我很紧张，但我不会退缩，我要好好地准备。"于是，孩子看到的是家长为上课积极准备的身影。

二、提高家长素质

为了更好地完成任务，家长积极地搜集各种相关的资料，尝试着写从未接触过的教案，并且力求完美，一改再改。因为没有上课的经验，家长一遍遍地背教案，每一次参加活动，对于家长来说都是一次学习的过程、一次精神上的历练。家长素质提高了，就可以更好地配合学校的教育理念，更好地做到家校互补。

三、体会老师的艰辛

短短几十分钟的课，可以使家长深深地体会到老师工作的艰辛与神圣，理解老师的工作，从而配合学校的各项工作，形成家校合力。

管理自己的情绪

授课班级：美茵校区　四（2）班　家长姓名：贾圣晓　学生姓名：叶世博

家长简介：

贾圣晓，E家教育中心管理者，对情商管理有浓厚兴趣，在育儿方面提倡"放风筝式教养"。

授课主题：

管理自己的情绪

教学过程：

一、导入新课

做个小游戏，首先引导学生对本次课程内容产生兴趣，在游戏中帮助学生发现情绪变化，认识情绪。

二、讲解什么是情绪

1. 鼓励学生总结自己的情绪变化和不良情绪带来的影响，良好情绪带来的意义。主动发言者获得奖励。

2. 告诉学生学习如何控制好自己的情绪，如果发现父母有不良情绪，有哪些对应方法，如何缓解心情？

3. 鼓励孩子们发言，学生们各抒己见，都有自己的小绝招，让孩子们将自己的体会分享给其他同学。

三、互动实践

1. 教会学生一个有趣的魔术，自己开心的同时给他人带来快乐。

2. 最后引导学生爱己、爱人，帮助别人，快乐自己。

四、小结

布置任务：回家后若发现父母有不良情绪，引导父母从不良情绪中走出来，或缓解父母一天的工作疲劳。

学生新知

家长讲堂真精彩

美茵校区　四（2）班　王佳馨

家长讲堂在我们学校已经开展了三年，在这三年的时间里，许许多多的家长当起了老师，走上了讲台，给我们带来了精彩纷呈的各种特色课程。从这些精彩的家长讲堂中，我们接触到了更多的知识，长了更多见识，开阔了眼界，丰富了见闻，家长讲堂给我们打开了另一扇知识的大门。

每节家长讲堂都十分有趣，所以这些家长讲堂都给我留下了深刻的印象，比如张浩宇爸爸带来的家长讲堂"安全检查"，让我们知道了安全检查的目的、知识、技巧，在一段段视频和一张张图片的展示中，张浩宇爸爸让我们对这些陌生的事情加深了理解！他还让同学们体验手握金属探测仪的使用。这节家长讲堂，同学们热情极高。同时，张浩宇爸爸还向我们提出一些细节问题，并耐心讲解。这节家长讲堂让我们初步了解了金属探测仪的用法，同时也让我知道了飞机场的安检工作是如何进行的，我觉得收获特别多，说也说不完！

刘致洋爸爸给我们带来的家长讲堂"义齿制造"也让我记忆犹新。人的牙齿有几颗？换牙几次？大象的牙齿换几次？一个个问题调动了我们的好奇心。最早的假牙是什么？假牙的发展过程又是怎样的？全瓷假牙的优点是什么？同学们的问题有很多……刘致洋爸爸一一解答！同学们一定要好好保护牙齿哦！一口漂亮的牙齿让你的笑容更灿烂！

在星期五的课程中，同学们最喜欢的就是家长讲堂了，因为它让我们看到了自己父母不一样的一面，更让我们在这样特别的课堂上受益匪浅！希望以后这样的课堂越来越多！

家长热议

感受不一样的精彩
美茵校区　四（2）班　李欣忆爸爸

我上个学期很荣幸地到孩子的学校北京第二实验小学洛阳分校参加了班级组织的家长讲堂。

我看到孩子们目不转睛地盯着家长们讲课，又积极配合地举手参与答题，由衷地感到欣慰。

学校开展这样的活动很棒，因为孩子们是那么渴望了解新鲜的知识，他们对课堂以外的一切知识都充满了好奇。

作为家长，我们希望参与这样的活动。平时总是忙工作，但来到教室和孩子们近距离地接触，仿佛把我们拉回了学生时代。和孩子们之间的互动，让我们也了解了孩子渴望什么。在家长讲堂上，我看到的都是孩子们发自内心的欢笑，积极与家长互动。这样的活动拉近了孩子和家长的距离、老师与家长的距离！

老师这样说

家长讲堂，收获成长
美茵校区　四（2）班　付亚奇

家长讲堂，北京第二实验小学洛阳分校课程表里的"一员"。每周五下午的第二节课，各班的家长便带着精心准备的教学内容走进了每一间教室，为孩子们打开了学习的另一扇窗，带领孩子们全方位认识世界！

四（2）班的家长讲堂，真的是精彩不断！李欣忆的爸爸为孩子们带来了"科学之美——轴承的'秘密'"，他用生动的视频把孩子们带入神奇的动力核心部位，轴承竟然可以四两拨千斤！这奇妙的发现完全激发了孩子们的探究欲望！吕鑫源的家长为孩子们带来了"科学小实验"。看！孩子们个个瞪大了眼睛："火山喷发""蛋小粒的故事""干冰的魔法"……一个个小实验带给孩子们一次又一次的惊喜！巧妙的提问吊足了孩子们的胃口，"化学变化""气压"等这些抽象名词竟然如此轻易地被孩子们理解并接受。同时，我更惊叹于孩子们的"超能力"——他们怎么知道那么多！王君如的哥哥则为孩子们上了一堂"风力发电设备运输"，为了了解这个"庞然大物"，孩子们不断提出各种新问题，哥哥则耐心讲解，思路清晰。孩子们不但学到了火力发电、水力发电、核能发电、风力发电和太阳能发电的知识，而且还知道了风力发电设备的各个组成部分。在课堂上可以感受到孩子们不仅惊叹于风力发电设备的庞大，更敬佩那些运输、组装这些"庞然大物"的工人叔叔们！

还有，贾博涵妈妈的"大与小"让孩子们了解了浩瀚的宇宙；郝帅爸爸的"安全用电"提醒了孩子们安全第一；刘致洋爸爸的"义齿制造"让孩子们懂得保护牙齿的重要性；张浩宇爸爸的"安全检查"又带领孩子们过了一把当安检员的瘾……每一位家长都当了一回孩子们的老师，和孩子们一起创造了许多美好的回忆……在四（2）班这个温暖的大家庭里，家长、孩子、老师正在一起成长！

是的，家长讲堂是老师和家长沟通的纽带，更是孩子和家长沟通的平台，每周我和孩子们都很期待这节课。在这节课上，我总是站在教室的后面，和孩子们一起静静地聆听，认真地学习，我也学到了很多知识哦！在这里真心感谢每一位家长的精彩分享，希望我们四（2）班的家长讲堂能一直陪伴孩子们的成长，让我们携起手来一起努力吧！

开心东北行

授课班级：美茵校区　四（3）班　家长姓名：杨昳婧　学生姓名：孟思彤

家长简介：

杨昳婧，东北师范大学思想政治教育专业博士研究生，国家二级心理咨询师，目前任河南科技大学教师。对于孩子的教育，她一直提倡要尊重孩子的生理、心理成长规律，尊重孩子个性发展，让孩子发现学习的乐趣，快乐主动地接受学习。

授课主题：

开心东北行

教学过程：

一、提出问题，激起学生对东北的兴趣，调动听课积极性。

二、从"东北十八怪"讲起，利用生动形象的图片引发孩子思考，先让孩子看图片猜"十八怪"，然后揭示答案。

三、举出几段东北话例子，让孩子自己读，用普通话解释读到的方言的意思，教孩子学会几句方言。

四、东北雪雕、冰灯、雾凇、红叶谷等美景的欣赏，让学生看到大自然的美。

五、最后总结，让学生理解文化的区域性、多样性，鼓励孩子多出去走走，感受不同的民族风情，体会不同的文化。

学生新知

家长讲堂带给我的乐趣

美茵校区　四（3）班　李家瑞

从一年级开始，我们班就开始了家长讲堂。

从第一位家长开始给我们上课，给我们讲述课外的知识，我们就感受到了家长讲堂的乐趣。

记得有一位家长给我们上了一节有趣的课。这位家长先是做了自我介绍；后来，给我们讲了洛阳燕菜的起源；再后来，又教我们用两片萝卜片和一根牙签做牡丹花，告诉我们"洛阳牡丹甲天下"；接着，又教我们用小西红柿做兔子，还告诉了我们一些细节，如果我们回家要用小西红柿做小兔子的话，一定要小心，要有家长看着做，否则容易受伤。讲完之后，又给我们发了精美的小礼物。

令我印象最深、最有趣的还是画彩蛋。那位阿姨，先是给我们讲述了一些关于画彩蛋的知识和由来，然后给我们讲述了一些画彩蛋的要领，还给我们展示了一些她画的彩蛋。最后，给我们评比了谁画的彩蛋最漂亮，获胜的同学还可以再得到一个小礼物。

因为有了家长讲堂，我们才了解了许多的课外知识和游戏，我喜欢家长讲堂。

> 家长热议

做好家长讲堂，形成教育合力，促进孩子成长

美茵校区　四（3）班　王思理爸爸

孩子学校每周五下午有一次家长讲堂，由一位家长准备一堂课去给孩子们上，我去上过几次家长讲堂，也听孩子说过别的家长的课，感受颇深：做好家长讲堂，能形成教育合力，促进孩子成长。

家长讲堂是家校合作的一种方式。我们一直强调教育过程中学校、家庭要形成合力，要开展家校合作，可是一直缺乏成功的经验和案例。家长讲堂的顺利开展就提供了一个成功的案例，可以为开展更多的家校合作提供帮助。

家长讲堂活动中，家长走进了学校、走进了课堂，通过自己准备上课的过程和上课的体验，对老师们平时的辛苦工作有更深的体会，对老师们的工作也会有更多的尊重和理解。

家长讲堂活动中，不同家长的专业和经历不同，讲课内容、方式、风格也不同，孩子们每周可以感受不同课程，提高学习兴趣，得到全面发展。我有一次给孩子们讲《超级明星》剧本，一堂课上了几十分钟，按照教育心理学的理论，小学生的注意力集中时间只能持续15分钟左右，可是几十分钟下来几乎没有孩子走神，大家都在认真地听，认真地揣摩角色，可见只要是孩子们感兴趣的事情，他们一定会集中精力认真听。

只要我们认真对待家长讲堂，发挥家校教育合力，就一定能促进孩子们茁壮成长。

> 老师这样说

不一样的课堂，一样的精彩

美茵校区　四（3）班　徐莹辉

课堂是孩子学习的场所，是师生交流的平台。家长走上讲台，走进课堂，能更深入地了解孩子的学校生活，了解老师的日常工作，从而促进家校沟通。

家长来自不同的工作岗位，拥有不同的专业知识、兴趣、爱好，他们为孩子们带来了更加丰富的知识，更加开阔的视野。利用家长的特长开展活动，不仅丰富了孩子们的课程内容，同时也为教师、家长、孩子提供了交流的机会。在我们的家长讲堂中，张艺冉妈妈请来一位抖空竹非常厉害的老爷爷给孩子讲解空竹的历史，演示不同的玩法，教给孩子们简单的动作；韩志远妈妈是一位瑜伽爱好者，她给孩子们带来的是一节舒展心灵的瑜伽课；王思理爸爸是一位心理学老师，他让孩子们认识到有时眼睛看到的不一定是真的；何浩田爸爸是一位海关工作人员，他拿来了军舰模型，给孩子们讲关于船的故事；李东钰妈妈把一个个精彩的科学小实验带进教室，让孩子们认识到生活中的科学；丁浩哲妈妈则是和一位孕妈妈一起来给孩子讲生命的起源，让孩子们懂得感恩，更让他们体验了一把"蛋妈妈"的辛苦；韦翼翔爸爸是一位厨师，他给孩子们讲洛阳燕菜的故事，教孩子们如何用萝卜雕花；闫沈琳妈妈从当下最热点的问题出发，和孩子们一起谈论环境保护的重要性；张玉阳妈妈用一个简单的小游戏，让孩子们认识到团结的重要性……这样一周一周地累积起来，孩子们了解到了从老师和自己家长那里得不到的知识，知道了家长和老师们平时的辛苦和学习的重要性，他们的视野更为开阔了。

"家长讲堂"这一活动做到了课内与课外、学习与实践、系统知识与现实生活的链接，更全面地促进了学生的健康成长。

学钓鱼

授课班级：美茵校区　四（4）班　家长姓名：李洪伟　学生姓名：李文昊

家长简介：

李洪伟，中年时爱上了野外钓鱼，几乎钓遍了洛阳的大小水库、河滩，对野钓有很深的体会，钓上的鲤鱼最大的重达12斤。

授课主题：

学钓鱼

教学过程：

一、认识钓鱼

钓鱼是一项户外休闲运动，自古以来，很多人都喜欢钓鱼。

1. 有关的成语和俗语。

沉鱼落雁，鱼贯而入，缘木求鱼，临渊羡鱼，如鱼得水……

姜太公钓鱼，愿者上钩；三天打鱼，两天晒网；放长线钓大鱼；等等。

2. 有关钓鱼的诗句。

柳宗元《江雪》："孤舟蓑笠翁，独钓寒江雪。"胡令能《小儿垂钓》："蓬头稚子学垂纶，侧坐莓苔草映身。路人借问遥招手，怕得鱼惊不应人。"

二、学钓鱼

1. 准备好3.6米长的渔竿，绑上渔线，按上渔漂，备好渔钩，让同学们每一个人都感受一下抛竿。渔钩放在一边，触摸的时候要注意安全。

2. 渔竿有长短，渔线有粗细，渔钩有大小，钓不同的鱼用不同的组合，钓大鱼用大钩，用粗线，让大家有感性认识。

3. 让大家回忆一下小时候学过的小猫钓鱼的故事，明白钓鱼需要耐心、专心，不能三心二意。

三、去钓鱼

1. 认识洛阳的水情。

洛阳境内有150多个水库，还有很多的小溪流等都是我们钓鱼的好地方。

2. 钓鱼的好季节是春秋两季，掌握钓鱼的水温很重要。淡水鱼15℃至33℃食欲旺盛，低于4℃不进食；热带鱼低于18℃不进食，低于10℃就冻死了。钓鱼的谚语是：春钓滩，夏钓阴，秋钓潭，冬钓阳。

3. 几种淡水鱼的垂钓方法。

鲫鱼：杂食性鱼类，爱干净，适应性强，用小麦、玉米、豆类、花生都可以钓到。

鲤鱼：嘴边有一对短须，食性杂，生长快，是底层鱼。用玉米、米饭、红薯、面粉都可以钓到，玉米软糖很好用。

其他的如白条、草鱼、鲢鱼也好钓，只要掌握了鱼的习性，钓鱼易如反掌。

四、介绍一下有关鱼的传说

关于《海的女儿》和鲤鱼跳龙门的传说。

五、钓的鱼怎么吃

有8种吃法：水煮鱼、酸菜鱼、清蒸鱼、红烧鱼、鲫鱼豆腐汤、香辣鱼、糖醋鱼、香煎鱼块。

六、钓鱼的境界

钓鱼之意不在鱼，在于山水之间。爱护生态资源，保护生态环境，不乱丢，不乱折，不乱踩，不要影响学习和工作。

> 学生新知

牙齿的惊险历程

美茵校区　四（4）班　马熠天

　　二年级时，我的妈妈给我们上了一节家长讲堂，内容是教大家怎样爱护自己的牙齿。

　　课堂上，妈妈先给大家看了一些图片，介绍了牙齿的结构。妈妈讲得十分生动，同学们也听得津津有味。然后，我们又看了一个动画片，这个动画片讲述了细菌是如何在我们的牙齿中安家落户，毁掉我们的牙齿的。同学们看了非常惊讶和害怕，都捂着自己的小嘴巴，皱着眉头，生怕细菌会跑到自己的牙齿里。最后，妈妈给我们放了一首刷牙歌，我们一起高兴地唱了起来……这堂课就在我们的欢笑声中结束了。

　　通过这次家长讲堂，我知道了每次刷牙都要用三分钟。为了保护牙齿，我们不能吃太多的甜食，因为这些食物对牙齿有很大的伤害。我们要多吃水果、蔬菜这些对牙齿有利的东西。

多姿多彩的家长讲堂

美茵校区　四（4）班　杨鑫悦

　　我相信我们全班同学都非常喜欢家长讲堂。家长讲堂不仅可以让家长把最好的一面展现给我们，还可以让我们认识更多同学的家长。除此之外，家长讲堂还可以让我们知道更多的课外知识，比如：关于电的产生，我们就从家长讲堂上学到了火力发电、风力发电、水力发电等好多种发电方式；关于如何做水果拼盘，有的家长就带来了水果，亲自在课堂上教我们如何做水果拼盘，同学们看到好吃的都高兴坏了。

虽然每次的家长讲堂仅仅只有几十分钟，但家长们却要花很长时间来准备。最重要的是家长们还会给我们带来精致的小礼品，因此我们对家长讲堂十分感兴趣。

我爱家长讲堂
美茵校区　四（4）班　邹依辰

几年来，有很多家长都来给我们上过课。我在家长讲堂里学到了很多知识，认识了许多家长，也有很多感悟。

给我们上课的家长风格各不相同：有的家长风趣幽默，整堂课下来，我们的欢笑声此起彼伏；有的家长讲课严谨认真，条理清晰，我们为之叹服。家长们从事着各行各业的工作，他们给我们带来了丰富多彩的知识。有的家长是电力工程师，他就教给我们安全用电的知识；有的家长在银行工作，她就教我们如何做好理财规划；还有的家长是厨师，她就给我们展示怎样做美味的食品。

我们也感觉到，家长讲堂不是照本宣科，更不像常规课堂，它带我们走进了社会、走进了生活，拉近了我们和家长的距离，也让我们认识到了家长们工作的辛苦，更加坚定了我们学好本领的信念，这样将来才能在社会上有更好、更大的发展空间。

家长热议

伴随孩子快乐成长

美茵校区　四（4）班　王睿铭妈妈

我女儿是北京第二实验小学洛阳分校美茵校区的第一批学生，我也有幸参与了学校组织的第一批家长讲堂活动。如今犹记得刚接到这项任务后的惶恐，但惶恐之后更多的是责任感和使命感，这驱使我全身心投入备课之中。

当我走进校园看到那一张张纯真热情的笑脸时，来时的紧张与顾虑已消解大半，布置温馨的教室里处处洋溢着呵护与关爱、激情与梦想。课堂上，我在常规教学内容外安排了游戏与孩子们进行快乐的互动，再以精彩的故事点明主题，一节30分钟的课下来已是口干舌燥、筋疲力尽，深深体会到了老师们的辛勤与不易。30分钟虽然短暂，但通过近距离接触，我了解到了孩子们的真实校园生活状态，透过一双双渴望探索的眼睛，我感受到了孩子们身上所迸发出的积极上进、纯净阳光的优秀品质，面对这一个个天真烂漫又富有个性的孩子，要使每个孩子的综合素质切实得到提升，背后需要付出多少汗水？老师们真的太不容易了！

家长讲堂这个活动目前已开展四年，其间很多家长陆续参与进来，他们都会精心准备，课程内容更是涉及广泛——神奇的科学王国、高雅的艺术鉴赏、绚丽的美食天堂、慈爱的助残专题……从内容到形式都深受孩子们喜爱。家长讲堂一方面开阔了孩子们的眼界，另一方面也让家长亲眼见证了孩子们的快乐成长，更拉近了家长与学生、家长与老师、老师与学生之间的距离。感谢学校提供的平台，多方互动更有成效。让我们为北京第二实验小学洛阳分校的前瞻性教学理念共同喝彩，共同期待北京第二实验小学洛阳分校的灿烂美好明天！

诗歌人生，爱育精彩

美茵校区　四（4）班　陶怡琪妈妈

　　通过与班主任、孩子沟通，我选择了我的最爱：诗词。诗词不仅是中华文学宝库中的瑰宝、语言的精华、智慧的结晶，更是人性之美的灵光，给人们以思想上和艺术上的双重享受和熏陶，并给孩子心灵插上梦想的翅膀。

　　根据四年级孩子的成长特点，我选择了朗朗上口的《村居》"儿童散学归来早，忙趁东风放纸鸢"，和珍惜时光的《长歌行》"少壮不努力，老大徒伤悲"，以及毛主席这首豪情万丈的《水调歌头·重上井冈山》"敢上九天揽月，敢下五洋捉鳖"。

　　上课时间到了，当我紧张地走进教室的时候，程老师和孩子们热烈的掌声立刻把我引入童话般的世界，接着我的孩子从座位上站起来骄傲地走上讲台，用一口流利的普通话向同学们介绍了我，并说明了主讲内容和奖励规定。我心中暗自高兴，没想到北京第二实验小学洛阳分校的教师和孩子们的综合素质和课堂秩序这么好，就连自家孩子也突然变得像小主持人似的出口成章、优雅大方。此刻，我激动极了，望着黑板上"欢迎光临家长讲堂"几个粉红大字和孩子们那天真烂漫的笑脸，慢慢地走进了美妙的诗词世界。当我刚刚念起诗词第一句，第二句居然有同学跟着我轻轻背出了。大家都神采飞扬，激情四射地和我抑扬顿挫、满怀深情地朗诵着优美诗词，争先恐后地回答着我提出的问题。我的孩子也像个教师助手似的，及时为参加诗词飞花令的同学发放纪念品，为抢答正确的同学发放奖品。就这样大家在美妙的诗词王国愉快地享受着诗意人生，畅想着美好的未来。

　　家长讲堂在班主任的精心策划和黄老师的热情组织中很快就要结束了，老师及时的点评、升华总结，使同学们的学习热情更加高涨，我也在意犹未尽中，提高了对"爱育精彩"理念的认识，体会到了学校和老师的良苦用心，并充满敬佩与感激之情，坚定了家校共育的信心。

老师这样说

同站三尺讲台，浇灌学生成长

美茵校区　四（4）班　程婧婧

我们学校创造性地通过家长讲堂把绝大多数家长引进教室，不仅让家长了解孩子在班级、在课堂上最真实的情况，而且增进了家校联系，让我们的心走得更近。

每周五的家长讲堂，我都尽可能给每位到来的家长创造舒适、温馨的环境，然后，让孩子们用一声声亲切、真诚的问候来缓解家长的紧张和不适。记忆镜头里一幕幕的精彩讲堂，让我心里不禁生出很多感动。

去年的一个晚上，很意外接到王子博妈妈的电话："程老师，我是王子博妈妈，我想跟你交流一下，我发现孩子最近很爱跟别人比吃比穿的，还说班里谁的爸爸是老总啊这类的话……"

她继续说道："最近我在考驾照，孩子就说让我把驾照考到手，然后把那破电动车扔了。孩子虽然没有恶意，但是我好自卑啊，你说我就在超市上班……"

我听到孩子妈妈在电话那边哽咽了，也不知道该从何处安慰，只能说："明天，我给孩子谈。对了，下周是你的家长讲堂……"

"是啊，程老师，说到家长讲堂，我就想把如何在超市买到称心如意的商品这个问题在家长讲堂上说说，你看行吗？"

"太好了，我们经常要逛超市，你的这个题材孩子们肯定喜欢！"

"但是我不会做PPT。"

"这个交给我，等你设计好内容了，把你要用的图片和资料发给我，保证你满意！"

听到我的话语，她的情绪稳定了很多，连忙说谢谢。

在后来的几次沟通中，孩子妈妈把她平时工作中的点滴和我分享，最终我们结合孩子们在超市购物的常见误区确定了教学内容。当我看着孩子妈妈给我发来一张张亲手拍摄的图片和一条条工作日志时，我深切地感到她工作的勤恳和不易。我想，我一定做出最美的PPT呈现给孩子妈妈和学生！

终于到王子博妈妈的家长讲堂了。那天她早早地来到学校，一会儿说这是给孩子们带的礼物，不知道孩子们喜欢不；一会儿又说自己普通话不是很标准，也没有在这么多人面前讲过话。我知道她是紧张，便不时地用微笑和亲切的话语安慰她。

面对琳琅满目的货物架，大家如何挑选自己合适的产品，怎样对待吃零食问题，二维码和条形码的异同，打折商品质量有没有问题……王子博妈妈越说越顺畅，孩子们越听越着迷，不时提出很多新奇的问题，不时发出阵阵掌声，我也被孩子们的激情和热情感染了，沉浸在这个美妙的课堂氛围中。

一节课很快过去了，孩子们缠着阿姨不让走，问东问西的，好像要让阿姨解答所有的问题；还有一部分孩子缠着王子博七嘴八舌地说："你妈妈真好，什么都懂！""你有这样的妈妈真幸福！"……看着王子博脸上的喜悦和骄傲，我知道他们母子俩的心结已经解开了，真好！

每一次家长讲堂就是一次洗礼，家长尽其所能准备，用爱在课上生动演绎，把孩子们带到课本以外的天地遨游，这样的课堂怎能不精彩？

多彩生活伴成长

美茵校区　四（4）班　黄璐

每周五的下午，班里都会来一位家长，给孩子们带来一堂别样的课，家长讲堂颇受孩子们欢迎。几年来，班里56个孩子的家长几乎都曾来到班里给孩子们上过课，但是，刚开始推行这个课程的时候可并没有那么容易。

我依稀记得二年级上学期第一次家长会上，我向家长们介绍了这个活动，只有个别家长报名，大部分家长都缄默不语。家长会结束后，几位家长留下来向我诉苦：自己的文化水平不高，不知道怎么给孩子们讲课。于是，我就向他们一一描述了上课的基本流程，强调了这个活动的意义和他们自身的优势：首先，家长讲堂是一个家长和孩子们交流的平台，家长们可以结合自己的工作给孩子讲一讲有关自己工作的乐事、趣事和知识，这样不仅可以让孩子们更多地理解自己爸爸妈妈工作的艰辛与不易，也让家长们了解自己的孩子在课堂上的表现，加强家长与孩子间的沟通；其次，家长讲堂可以拓宽孩子们的视野，让他们领略各行各业，这带给孩子们的快乐是别的科目无法代替的。家长们了解了家长讲堂的众多好处后纷纷报名参加，以至于后来要来讲课的家长都要提前好几周预约。

每一位来家长讲堂的家长都会提前认真地备课，提前向我们咨询上课时间；有些家长提前一个星期就把课备好了，还准备了精美的课件；有些家长工作比较繁忙，来班级讲课前都要花一整个晚上的时间做准备；有些家长文化水平比较低，不知道怎么做课件但又很想来学校给孩子们讲课，于是程老师就主动帮助这些家长做课件，圆了他们的"教师梦"。家长们对待这每周一次的"教师体验"非常认真负责，在医院工作的家长给孩子们上了一节"如何预防禽流感"的卫生课；在法院工作的家长给孩子们带来一堂法律知识课；在电厂工作的家长给孩子们讲了"电厂的类型"；做生意的家长和孩子们分享了自己的兴趣爱好，为孩子们上了一节生动的"钓鱼"课。而最受欢迎的要数教孩子们如何做美食的家长了：杨鑫悦的妈妈现场为孩子们演示寿司的制作方法，马鑫泽的妈妈带来很多美味的水果教孩子们做水果拼盘，56只"小馋猫"望着美味的食物口水不停地在嘴巴里打转儿。这一节节精彩纷呈的家长讲堂给孩子们带来了数不尽的欢声笑语和无限的乐趣，同时也拓宽了孩子们的视野。

家长讲堂的精彩不仅在于课堂活动本身的丰富多彩，更在于它将这份精彩植入到了每一个孩子的精神世界，让它们在那里生根发芽。我相信不久的将来它必然会悄悄地影响着，甚至改变着每一个孩子的人生。

感知洛阳饮食文化

授课班级：凝碧校区　四（4）班　家长姓名：蒋淑歌　学生姓名：李想

家长简介：

蒋淑歌是一名教师，现任教于洛龙区龙城双语中学。她热爱教育事业，喜欢看着孩子们每天健康快乐地成长。

授课主题：

感知洛阳饮食文化

教学过程：

导入：一天三顿饭你最喜欢吃什么？大家踊跃发言。我们的饮食有什么特点？

一、介绍洛阳饮食特点

洛阳四面环山，地处盆地，雨量少，民间饮食多用汤类，以抵御气候的干燥寒冷。不论是早上、中午还是晚上，洛阳人都爱喝汤。洛阳人有喝汤的习惯，洛阳人最自豪的国宴水席24道，也终归是汤。所以洛阳美食文化浓缩为一个字：汤。

二、你知道我们家乡的特色饮食是什么吗？

学生先猜一猜。每一种饮食让学生先说一说，老师再总结。

1. 水席

洛阳水席发源于洛阳，是洛阳美食最具代表性的，有1000多年历史，是"洛阳三绝"（洛阳水席、洛阳牡丹、洛阳龙门石窟）之一。

特点：

有荤有素，素菜荤做，选料广泛（天上飞的，地下跑的，海中游的，地里的蔬菜）。

①有汤有水，其菜品清汁少油，味道多样，冷热、荤素、甜咸、酸辣兼而有之。

②上菜顺序有严格规定，也极为考究。含义：一是热菜全是汤；二是热菜吃完一道撤后再上一道，像流水一样。

2. 牛肉汤

虽谈不上发源于洛阳，但是确实在洛阳汤馆比较普遍，也算是洛阳名小吃之一。

牛肉汤分两种：一种是最常见的也是喝得最多的那种大瓷碗装的汤；一种是单锅烩的小碗牛肉汤，简称小碗牛肉，价格要比普通汤贵。

3. 豆腐汤

洛阳是发源地，精髓就在于姜和葱油，最出名的是南关豆腐汤。

4. 丸子汤

洛阳是发源地，丸子汤同豆腐汤一样精髓就在于姜和葱油。

5. 不翻汤

洛阳是发源地，有120多年历史。特点：味道纯正、酸辣利口、油而不腻。

6. 胡辣汤

真正的发源地在周口市西华县逍遥镇，洛阳老城也算是半个发源地吧，有100多年历史。

7. 小碗汤

新安县是发源地，这几年才兴起的，水席的精髓，水席的浓缩。

8. 糊涂面

糊涂面由数十种食材汇集，看似一锅糊涂，其实滋味万千。清淡、浓香、爽滑、绵软等各种滋味在你舌尖跳动……糊涂面中有汤、汤中有菜、相互交融的状态就是一种混沌状态，它很好地体现了老子精神中"宽容"的精髓，彼此之间相互包容。现代人也应该学习这种"糊涂面"精神，凡事不斤斤计较，成功也会不期而至。

三、结语

以上的饮食大家都吃过，但有没有仔细品味过呢？今后可要仔细品尝哦！也许有一天我们长大离开家乡，你会想念家乡的美食，回味家乡菜的味道。

> 学生新知

满满的收获

凝碧校区　四（4）班　陈佳俊

从我上一年级，我们学校就有家长讲堂了。家长讲堂对于我们很有帮助，也很利于我们成长。

我的妈妈没什么技能，只会做生意，可她对我们小孩很了解。有一次，我的妈妈来主持家长讲堂，她讲的题目是"国学"。"大家一定读过《弟子规》，我也读过，还会背呢！"接下来，妈妈又讲了几个关于孝敬的故事，让同学们复述这个故事，或者说这个故事讲了什么道理，说对了有奖品。同学们双眼注视着奖品，争先恐后地举手。

我希望家长讲堂能一直做下去。

> 家长热议

感动源于课堂

凝碧校区　四（4）班　汤皓轩爸爸

我的孩子是北京第二实验小学洛阳分校四(4)班的一名学生。长期以来，学校一直在开展家长讲堂的活动。2017年2月24日的下午，在老师的安排下，我有幸参加了四（4）班的家长讲堂，和孩子一起分享了少年儿童成长过程中养成良好习惯的重要性。

以前只是在给员工开会时讲过话，给小学生讲课还是第一次。当我步入教室，走到讲台，看到下面一双双明亮的小眼睛时，我的心情是激动而略有些紧张的，我特别注意了一下汤皓轩，他看到我来到课堂，显得非常兴奋，脸上洋溢着骄傲的神情。

我跟孩子们分享的内容是"培养好习惯，成就好人生"，通过发生在孩子们身边或者他们了解的事例，把养成好习惯对将来的作用做了分析和讲解，也把坏习惯对孩子们成长造成的影响做了阐述。

这个话题每个人都不陌生，孩子们也不例外。但在分享过程中，孩子们一个个都睁大了眼睛在仔细听讲，互动的时候，争先恐后地举手发言。

因为时间有限，我也没有展开去讲。面对孩子们的热情，我感觉时间过得飞快。不一会儿，准备的内容就讲完了。

回家的路上，我问孩子：我讲得怎么样？他竖起大拇指说：真棒！

我知道，我所讲的内容并不丰富。因为这是第一次给孩子讲课，所组织的语言和内容他们并不一定能全部接受，但通过这次家长讲堂，我有几点体会：

1. 家长讲堂让孩子们通过另一种方式和角度接受了知识和理念。平时孩子们听习惯了老师和自己家长的教育，如今换个人和角度来讲，他们会有新的感悟。

2. 家长来班级和孩子一起分享，给孩子增加了自信心。

3. 家长讲堂也让家长体验了教师工作的辛苦，增进了家长与教师的沟通和理解。

正是老师们的辛劳与全身心的付出，才换来了孩子的成长和进步。再次感谢学校和老师给我提供了这次机会。

老师这样说

别具特色的家长讲堂

凝碧校区 四（4）班 陈惠芳

家长讲堂活动已开展了两年，热心教育事业的家长们积极踊跃地走进课堂，拉开家长讲堂系列活动的序幕。在每次的家长讲堂上，每个班级都由一位家长主讲。他们结合自身职业特点，为学生进行相关专业知识培训；他们结合兴趣爱好，向学生介绍相关方面知识……家长讲堂的主题讲座涉及多个角度，不仅有普及健康卫生知识、进行安全教育的内容，也有讲述环保理念、解读城市文化的课堂，还有的家长从自身出发，对孩子的养成教育、英语学习发表看法。家长们的主题讲座结束后，班主任还结合讲座内容进行总结点评、提炼升华，达成教学目标。

学校的教育资源有限，学生学习的内容大多来自课本，开展家长讲堂活动，主要是充分利用家长资源，让学生们拓宽视野、增长见识。家长们来自各行各业，他们是一笔非常丰富、宝贵的教育资源。

很多家长在走进课堂，与孩子亲密接触后，深有感触。他们有的说："现在的孩子知识面越来越广，我这样在某方面也算一个专家吧，面对孩子一个又一个的问题，有时也真是无从着手！"也有的家长深深地体验到了做老师的苦楚和艰辛："面对一个个差异迥然、个性千差万别的孩子，要使每个孩子的各方面素质得到提升，也真为难我们的老师了。"看到自己的工作能得到家长的认可，我们老师不禁感到一丝欣慰！

家长讲堂系列活动是我们学校开展的特色活动之一，通过多种方式使孩子开阔了视野、增长了见识，更好地为学生成长提供了优质高效的教育资源。这种别具特色的课堂模式，构筑了老师、家长和孩子三方互动的平台，完善了学校、家庭、社会三位一体的教育体系，丰富了学校的课程资源，创新了教育形式，充分挖掘家校合作的巨大潜力，有利于三方形成教育合力，促进学生全面发展。

汉服礼仪

授课班级：美茵校区　五（1）班　家长姓名：曹金蓉　学生姓名：陆厚霖

家长简介：

曹金蓉，陆厚霖的妈妈，现就职于河南科技大学人文学院，从事办公室工作。

授课主题：

汉服礼仪

教学过程：

一、准备一首诗歌朗诵，然后自然引入今天的主题——汉文化，尤其是汉服文化的讲解。

二、以PPT的形式进行展示，对汉服的种类、汉服的特点以及汉文化的礼仪进行更加深入的讲授。

1. 对古代男女不同的行礼方式进行现场讲解。

2. 让学生穿上汉服进行汉服礼仪展示。

学生新知

家长讲堂带我走进浩瀚的知识海洋

美茵校区　五（1）班　阎靖予

学校开展家长讲堂有几年了，在这几年的时间里，我认识了同学们的爸爸妈妈，到同学家玩的时候，感觉很亲切，不拘谨了。除了和同学家长们混个脸熟，还了解了很多新知识。比如说了解了"端午节""清明节"的由来和汉服的种类，也知道了一些人民币方面的知识，记忆最深刻的是有关牙齿方面的介绍。

我的牙齿很差劲，平时妈妈给我讲护牙爱牙知识的时候，我是左耳朵进右耳朵出，表面在听，其实不以为然，后果是有8颗牙进行了修补。

家长讲堂里一位家长用PPT给我们讲牙齿知识的时候，讲得幽默有趣，我支着耳朵，瞪着眼睛，把家长讲的有关牙的内容都刻在了脑子里。

我们的一生中，先后长两次牙。第一次长乳牙，共20颗，两岁左右长齐。第二次长恒牙，共32颗，从6岁到12岁长齐。人们讲话的时候露出一口洁白的牙齿会显得健康和帅气；如果牙齿黑乎乎，又参差不齐，那就太影响美观了。

那如何才能有一口健康帅气的牙呢？首先，要早晚刷牙，中午漱口，三个月换支牙刷，每年洗牙，去掉牙结石。其次，有病及时治，不要等到牙黑了、被虫蛀了、牙坏了才去看牙医。最后，饮食均衡，保证牙齿足够的营养。

从家长讲堂里我学到了不少知识，家长讲堂让家长和学生们互动，活跃了课堂气氛，加深了学生和家长的了解，希望这个活动一直办下去。

家长热议

家长讲堂，给孩子们插上腾飞的翅膀

美茵校区　五（1）班　贺应娜妈妈

11月12日，我应邀参加了北京第二实验小学洛阳分校五（1）班的家长讲堂。

从接到任务我就紧锣密鼓地筹备，我讲的主题是"养成良好的学习习惯"。在准备的那几天里，得到了付老师和司马老师的大力支持，他们给我提出很多建设性的意见。

所以，我在寻找资料和准备课件的时候都认真仔细推敲，还和女儿讨论了很多遍。来到了五（1）班，这么正式的场合，我准备好的词一个都没有用上，一看见活泼可爱的孩子们，我一下子也变得天真纯朴了。上课进行得很顺利，孩子们踊跃发言，特别是在讲到爱迪生的时候，有个同学还给我们讲了一个生动有趣的小故事，真的很棒，这肯定和老师的教育分不开的。40分钟转眼就过去了，好像还没有开始就结束了，感谢学校为孩子们设计了这个课堂，也感谢付老师和司马老师让我上了一堂别样的课。

老师这样说

家校一体，共育英才

美茵校区　五（1）班　李梦依

家长讲堂活动的开展，不仅拉近了学生跟家长的距离，也让家长更能体会老师这一职业的特性，进而更理解和支持老师的工作。

一、提高家长的家教水平

现在的家长教育孩子不乏理论，可真正碰到具体的人和事就束手无策了，而每一次的家长讲堂对学生都是一次现身说法的教育。

二、增进家校之间的相互理解

有时，家校之间的相互理解，光靠我们老师自己去说服是不够的。它不仅需要家长和教师之间换位思考，更需要换位行动。每个教师都有做家长的感受，但并不是每个家长都有做教师的感受，家长讲堂为他们提供了这样一个平台。

三、弥补教师某一方面知识的不足

让家长参与到学校的活动中来，不仅充分挖掘了家长的教育资源，调动了一切可调动的家庭教育力量，而且还弥补了教师自身某一方面知识的不足，为开展一些具体活动提供了有力的保障。

四、促成孩子健全人格的形成

实践证明，家校一体化、家校共育已成为教育界的共识，家长讲堂不失为一种家长与教师、学校与家庭沟通合作，共同促进孩子健康和谐成长的有效途径。

三力合一，家校共育

美茵校区　五（1）班　付俊祎

作为一名老师，我常常在平时的教育教学过程中，产生这样的感觉，虽然现在国家已经在教育资源的提供上不遗余力，但是学校的教育资源依然有限，除了我校经过论证甄选的足球、围棋、跳绳、啦啦操等课程，学生学习的内容大多来自课本，知识结构比较单一，了解世界的角度比较狭隘。而我校开展的家长讲堂活动，充分利用了家长资源，让学生们拓宽了视野、增长了见识。因为每位家长来自各行各业，他们的知识，他们的人生阅历，是一笔非常丰富、宝贵的教育资源。

在我班的家长讲堂上，每周都由一位家长主讲。他们常常提前就和老师或孩子沟通，询问以什么方式、什么内容来把握这难得的为孩子们上课的机会。于是，他们或结合自身职业特点，为学生进行相关专业知识培训；或结合兴趣爱好，向学生介绍相关方面知识；或结合日常生活中动手实践能力的培养，引导全体同学共同参与感知，提高动手能力……

家长讲堂的主题讲座涉及多个角度，不仅有普及健康卫生知识、进行安全教育的内容，也有讲述环保理念、解读城市文化的内容，还有的家长从自身出发，对孩子的养成教育、英语学习发表看法。在医院工作的家长可以教学生如何预防疾病，在法制部门工作的家长可以提醒学生提高安全意识，从事文化艺术工作的家长可以教孩子如何"认识美"……这种家长愿意讲、学生喜欢听的授课方式，使学生不出校园就能聆听各行各业"老师"的教导，受到学生的一致欢迎，也使老师大开眼界，受益匪浅。

护国重器　铁血军魂——中国人民解放军火箭军

授课班级：美茵校区　五（2）班　家长姓名：姚思越　学生姓名：姚雨涵

家长简介：

姚思越，对于学校"以爱育爱，爱育精彩"的理念很认同，平时积极参与学校的各项活动。

授课主题：

护国重器　铁血军魂——中国人民解放军火箭军

教学过程：

一、创设情境，激发兴趣

播放国庆阅兵仪式火箭军相关视频，激发学生的学习兴趣。

二、火箭军组建的历史、作用及意义

1.PPT 图片展示中国近代半殖民地半封建社会的历史，回顾中国近代半殖民地半封建社会受到的压迫和剥削。

2.通过八国联军侵华战争、鸦片战争以及抗日战争的历史引导学生明白只有国家富强了人民才能安居乐业，只有拥有强大的国防力量，才不至于被帝国主义、霸权主义国家欺凌和压迫。

3.认识"落后就要挨打"的道理，明白祖国的振兴才能带来和平。

4.共产党领导全国各族人民开展新民主主义革命，推翻帝国主义、封建主义、官僚资本主义"三座大山"，建立并发展新中国的历史。

三、和平崛起的中国

1.一个国家强大的国防离不开核的威慑力。

2．"两弹一星"的威力、原理及诞生。

3．中国人民解放军火箭军所拥有的高科技武器。

四、组建火箭军的历史意义

1．当前的国际现状

美国等霸权主义国家为了满足自身的利益，随意欺凌压迫弱小国家，使这些国家的人民饱受战火的摧残，而且为了遏制中国的崛起，还拉拢周边国家与中国为敌。

2．组建火箭军的必要性

火箭军的作用就是保家卫国，保证中国和平发展。

五、小结

铭记历史，勿忘国耻。

六、教学反思

学生对于历史比较感兴趣，PPT课件的穿插比较生动地还原了历史，使学生能够清楚地了解历史，也激发了孩子们的民族自豪感，使他们更深刻地理解了"祖国的强大对于一个人意味着和平与幸福"，从而树立远大的理想和抱负。

学生新知

家长讲堂，伴我成长
美茵校区　五（2）班　曹浩宇

自入校以来，我最喜欢的便是星期五了。因为，星期五下午有两堂我最喜欢的课：社团与家长讲堂。

社团给我补充了许多在课堂上完全接触不到的知识；在家长讲堂上与许多家长接触，听他们讲课，难道不开心吗？

我在家长讲堂上收集到的知识一点儿也不少于社团。而更为有趣、更令我们期待的是——该谁的家长来学校来讲这一堂课了!

记得那回,我妈妈来上课,我十分好奇:本身便是英语老师的妈妈在这节课上会有什么样的表现呢?我知道她要讲一些关于感恩节的知识,可同学们会认真听吗?

上课了,只见妈妈打开上课用的课件,开始对同学们进行讲解。其实,我很怕那些平时上课就喜欢捣乱的同学在我妈妈的课上捣乱。不过,可能妈妈的主题选对了,"感恩父母"这个主题恐怕已直击同学们的内心。几十分钟的讲解,除了讨论与回答问题,几乎没有一丁点儿的声音!

家长讲堂,带我去攀登高山,带我去遨游大海,带我去探索宇宙,带我去了解历史。

家长热议

和孩子一起成长

美茵校区 五(2)班 韩雨桐妈妈

我们家的韩雨桐是今年转到北京第二实验小学洛阳分校的新生,作为新生家长,第一次听老师在开学的时候要求每个家长都要主持一次家长讲堂,当时不太明白为什么让家长来讲,一直在迷茫和疑惑中,当快轮到自己开始准备讲堂内容的时候,就更加迷茫了,孩子也在不停地询问:"妈妈,您到底准备讲什么呢?我们同学的家长讲得都特别好,你一定要做好准备呀。"孩子的一番话无形中也给自己一些压力,这时才真正去了解家长讲堂到底是怎么回事。

了解后,我就结合自己从事通信工作的特点准备了关于"互联网+"方面的内容。当给孩子们上课的时候,我感受了当老师的不易和快乐,看着孩子们对知识的渴望和兴趣,心里无比欣慰。此时,我也真正明白了学校开展这项活动的意义了。

> **老师这样说**

教育路上，感谢有你

美茵校区　五（2）班　陈聪聪

众所周知，家庭教育是学校教育的基础。家长是班主任的同盟军，班级管理争取家长的支持与配合是提高教育效果的必要条件。

家校平台充分挖掘了家长这个雄厚的社会资源，让各行各业的家长以校外辅导员的身份登上讲台，把自己的人生经历、智慧经验、兴趣爱好、特长才艺一一展示给孩子们，让孩子们不出课堂，就可以增加知识，增长见识，扩大视野。

家长走上讲台，用朴实无华的语言讲述自己的家境、求学奋斗历程，深深地打动了学生，很多同学端正了学习态度，有了明确的学习目标。整个班级面貌发生了显著的变化，从家长身上开发宝贵的教育资源弥补了教育工作的很多不足。

保护地球

授课班级：凝碧校区　五（3）班　家长姓名：于小趁　学生姓名：高佳怡

家长简介：

于小趁，性格开朗，思维活跃，做事有责任心，条理性强，在单位曾多次被评为先进工作者。她相信"只有坚持才能获得成功"，经常以此鼓励孩子不怕困难与挫折。

授课主题：

保护地球

教学过程：

一、创设情境

运用宣传资料先让同学们了解一下地球的概况，激发学生对地球的热爱之情。提问一些资料上的问题，让大家举手回答。

二、深入学习

1. 打开 PPT 课件，进一步深入了解我们的家园——地球。

选择一些有代表性的问题，进行全班解说。

2. 地球正被环境问题所困扰，举例向学生们证明环境问题带给我们的忧患。

①找一找：这一切是什么原因造成的？

②说一说：环境污染给我们的生活带来了哪些问题？

③议一议：保护我们的家园——地球，我们应该怎么做？

3. 小结

人类只有一个地球，它如果被破坏了，我们将无法生存。

三、小组讨论

保护我们的家园——地球，我们应该怎么做？

全班讨论，举手回答。

四、课堂总结

为了保护家园，我们可以少开车，节约用水用电，不乱扔垃圾，多种树……

学生新知

常怀感恩之心

凝碧校区　五（3）班　李佳欣

给我们做过家长讲堂的家长有很多，最令我感动的是王甜甜妈妈。因为梁陈馨的家长周五上午突然接到通知，下午单位有事，不能来做家长讲堂，王甜甜妈妈毅然接下了这个任务。虽然她是临时调换的"老师"，但是她却是留给我印象最深的家长。

王甜甜妈妈给我们做的家长讲堂主题是"感恩"，我看了这个主题马上就想到了歌曲《感恩的心》。我长大了，懂得了爸爸妈妈的不容易。如果我制造一个惊喜，便能得到妈妈温暖的怀抱；给妈妈一句温馨的问候，她则为你流下感动的泪水；给妈妈一个温暖的拥抱，她会给你一个香甜的吻。

王甜甜妈妈讲的故事，让我眼里噙满泪水。因为我想起了那次下雨，我的脚陷入了泥沙里，拔不出，动不了，妈妈想尽办法使劲儿把我的脚拔了出来，可她的腰却落下了病。

这节家长讲堂使我受益匪浅，我相信同学们听了这节课，一定会明白作为新时代的少年要常怀一颗感恩之心。

> 家长热议

灵动的目光

凝碧校区　五（3）班　位家浩妈妈

　　我是一个酒店管理工作者，最熟悉的就是酒店行业的知识，而这些知识对于小孩子来说是一个陌生的领域。如果把这些知识分享给孩子们，对孩子们来说也是一种学习。想到这里，我就开始着手制作PPT，查找合适的图片，尽量把文字上的东西减少，多一些图片上的内容，让孩子感觉更加有趣。

　　虽然我是做管理工作的，但想到要像老师一样给这些思维活跃的孩子们上课，心里难免还是有些紧张，为了使讲课更加顺利和生动，我还偷偷地练习了好几次。当我真正站在学校的讲台上时，我的内心被孩子们那一双双好奇、期待、灵动的目光给震撼了。当我把PPT的图片展现在孩子们面前时，孩子们的感叹声不断，一双双眼睛写满了惊讶，我顿时没有了一丝的紧张，立刻和孩子们融合在一起，我们一起研究、一起探讨，课堂上呈现出了活跃的气氛。

　　这节课过得飞快，当我讲完后，还有些孩子的眼睛直勾勾地看着我，小脑袋瓜里想出稀奇古怪的问题不停地在问，我有一种应接不暇的感觉。望着孩子们求知的眼睛，我深知当老师的不易，不仅要讲课，还要讲好课，讲一堂让孩子有兴趣的课更是不易，而且还要照顾到每个孩子，当老师真的不容易啊！

　　学校开设的家长讲堂，一方面使家长们走进孩子的学校生活，另一方面使孩子们学习到了课本之外的知识。为了孩子灵动的目光和求知的心，作为家长，我会继续努力，同孩子一起成长。

> 老师这样说

世界就在我们面前

凝碧校区　五（3）班　王曼利

家长讲堂课是孩子们最期待的课。在家长讲堂课上，家长们走上讲台，成了课堂的主导者，引导和陪伴着这群孩子们一起学习、一起实验、一起做手工。家长们结合自身的职业特点，给孩子们进行相关专业知识的讲解；结合自身的兴趣爱好，向孩子们介绍某一方面知识。

孩子们对历史、地理、自然环境都充满了好奇。记得焦文凯爸爸分享的是一个小实验，吸引了所有孩子的目光，孩子们的眼睛瞪得大大的，目不转睛地观看着每一个步骤的操作和每一个细小的变化。当杯子里的水变成了紫色时，惊呼声一下子充满了教室，孩子们从实验中体验到了科学的神奇和美妙。王晋梓琛爸爸带来的是"露天煤矿的开采工艺"，更是让孩子们惊讶万分，当一张张露天煤矿图片呈现在孩子们面前时，孩子们犹如真的来到了煤矿，亲眼看到了煤炭的采装、运输、排卸、复垦绿化等。孩子们如饥似渴地观看、倾听、吸收、消化。旁听的我，也是听得津津有味。那一刻，感觉世界好小，遥远的事物一下子来到了我们的身边。

家长讲堂以其丰富的内容和多样的形式，走进了每一个孩子的心中。每一个家长都展现出了不同的风采。王晋梓琛爸爸的专业让我们赞叹，高佳怡妈妈的精心让我们感动，陈思铭爸爸的军人气概激发了我们每一个人的爱国情怀，郑紫琪妈妈的紧张让我们看到了她的努力和在乎……每一位家长都是一面镜子，都在用行动告诉孩子们：只要想学，没有什么难的；只要想做，没有什么做不到的；只要有心，一切都皆有可能！

有了家长讲堂，家长们积极查找专业资料，学习制作课件，模仿老师备课，对着镜子不断练习，消除胆怯的心理，大胆走上讲台，家长们在快速成长；有了家长讲堂，孩子们走出课本，把目光投向各行各业，拓宽视野，增长见识，孩子在悄然成长；有了家长讲堂，世界一点点展现在我们面前，我们对万物从陌生开始变得熟悉。有了家长讲堂，世界就在我们面前！

积极心态的密码

授课班级：凝碧校区　六（1）班　家长姓名：赵霞　学生姓名：沈儒溢

家长简介：

赵霞，洛阳众成职业技术培训学校校长，国家二级心理咨询师，心理咨询师职业培训师。崇尚人本主义思想，擅长运用精神分析、人本主义和认知行为疗法，有深厚的理论功底和丰富的操作经验。

授课主题：

积极心态的密码

教学过程：

一、通过小游戏，调动学生积极性

如果你今天获得了十个人的称赞，你相信这都是真的吗？

完全相信的同学：你有完全的自信，生活信心满满噢！

不完全相信的同学：你有足够的理智，可能更擅于自我认知。

完全不信的同学：其实他人的称赞也是你的优点，可以潜心发现自己的优点噢！（同时，孩子们在这里还分享了一个小秘密，因为最不喜欢家长说的一句话：你看别人家的孩子……所以他简直不相信别人会称赞自己）

感谢同学的信任！其实可以分享，已经很了不起了！

二、积极心态重要性

1. 一次征文：《21世纪我最想要的》。

获奖的是《我最想要一个积极快乐的心态》。

2．关于快乐水平调查。

美国，46%；印度，37%；中国，9%。

三、怎样拥有积极心态

1．讲一个关于自卑的故事。

2．拥有积极心态的方法。

第一步：接纳。

第二步：欣赏自己。

第三步：爱自己、感恩自己。

第四步：关注自己和自己的关系、自己和他人的关系、自己和世界的关系：你看到世界的样子，与世界无关，而与你的看法有关。

四、学生找自己的优点

五、小结

要让自己心情愉悦，一定要看到每个人身上都有优秀的特质。个体身上的性格特质被视为优点还是缺点，取决于我们的思维方式。从问题取向思考，就是负面的；从资源取向出发，就是正向的。

学生新知

别样课堂，我喜欢

凝碧校区　六（1）班　胡淏一

　　家长讲堂是我们学校的一个特色课程，由家长帮老师给我们讲学科之外的许多知识。比如我的妈妈两次带我们去科技馆，让我们在那里见识了许多有趣的科学知识。

　　每一位家长讲的内容各不相同，各有各的特色，也是我们周五最大的期待。周五家长讲堂是我们最喜欢的课程之一，因为我们在这里可以学到平常学不到的知识，这正是它的特色。

而每一位家长面对天真可爱的孩子都尽心尽力。对每一位家长来说，上一节家长讲堂也是一次挑战。家长当一回老师，体会到了老师的辛劳，也更多地了解了自己的孩子。

> **家长热议**

感受阳光

凝碧校区　六（1）班　丁宁爸爸

在一周众多的课程中，家长讲堂最让孩子们期待。还记得我给孩子们上家长讲堂的时候，孩子们那一张张灿烂的笑脸。

一开始知道这个活动时，我还真的不知所措，想为大家带来最好的，但不知道怎么去做才能满足孩子们的愿望。我想小孩子一定喜欢热闹，我就叫来了一个朋友演小丑，与孩子们玩气球。

记得助理身着小丑装、手拿气球与孩子们玩得不可开交时，一个又一个气球变成了孩子们手中一只又一只的动物，孩子们那阳光般的笑容使我受到很大感染。

> **老师这样说**

爱上运动，拥有健康

凝碧校区　六（1）班　李丽文

花美，美在绚丽；人美，美在健康！

聪明的孩子们清楚地知道 1 代表着健康，没有这个笔挺的 1 再多的 0 也没有任何的价值。就这样，1 和 0 巧妙地把孩子们带到了以健康和运动为主题的家长讲堂。

"怎样才能拥有健康？"李奕凯爸爸刚抛出问题，单纯可爱的孩子们便冲着乒乓球和羽毛球积极地思考着。短短几分钟，孩子们便找到拥有健康的几种方法——多运动，饮食健康，养成好习惯、好心态。

随着讨论交流的深入，五十五张嘴有表达的需求，五十五双耳朵在倾听中让五十五个大脑对"运动和健康"有了不同于以前的认知。结合学生的年龄特征，李奕凯爸爸把"运动"作为交流的重点，在孩子们你一言我一语的畅谈中，为孩子们介绍着各种体育项目。

教室里的我也被孩子们的热情感染，那一刻的我好想奔跑起来。看着眼前叽叽喳喳的孩子，我不由自主地想到他们在操场上玩耍的场景。那是一个让每一个热爱生活的人都会感动的场景，那是一个让人看到希望的场景。

人生的三大财富

授课班级：凝碧校区　六（2）班　家长姓名：廉景贤　学生姓名：范月亮

家长简介：

廉景贤，曾经当过4年中学语文老师，做过11年电视新闻编辑、总编室主任、3年电台记者、采编部主任。2009年进入洛阳日报报业集团，先后在集团旗下的《洛阳广播电视报》《河洛生活导报》做过营销总监、副总经理。目前为洛阳日报报业集团中国夏园政策研究室主任。

授课主题：

人生的三大财富

教学过程：

一、时间

时间宝贵，重要的是有效利用和分配时间。

1. 提出"时间都去哪儿了"这个问题，讨论发言，梳理出小学六年级学生一天的活动内容。

2. 引导学生认识时间的宝贵。现场提问：我们应该怎样支配我们的时间？

3. 通过案例，引导学生树立正确与父母沟通的意识、正确规划和利用时间的意识和正确对待学习的观点。让学生通过梳理自己一天的活动安排，了解时间的珍贵。

二、健康

生命是根，健康是本，好身体是好成绩的前提保障。

1. 小游戏：如果人生的所有财富和名誉是无数个"0"，只有身体健康才是"1"，一个"1"和无数个"0"，你能写出多大的数呢？学生上台展示，分小组说明其中的道理。

（健康是1，其他是0，如果健康没了，再多的0也没有意义。感悟健康的重要性）

2. 通过实例，让学生们了解，健康不仅有身体健康，还有心理健康。心理有问题的同学，仅仅靠教育是不行的，要通过心理疏导和关爱。

3. 通过触摸自己的面部器官，学生知道健康的重要性。

三、感受

尊重内心感受，调节压力，在生活和学习中成就真正的自己。

活动内容：

1. 互动小游戏：每小组派一名同学充当小记者，随机选取另外一组进行采访。

①面对小升初，你的感受是什么？

②考场上你紧张不紧张，你怎么应对？

③如果你没有考上你理想的学校，你怎么办？

④每组再自主设计一个问题进行采访。

通过课件，向学生讲授：外在的感受是生理现象，是感官能力。内在的感受是心理反应。要学会调控、疏导内在的感受，不然将影响我们的生活。

每个人都有自己的压力，遇到自己应对不来的事情，该怎么办？要大胆讲出来，说给你的父母、朋友、老师、同学或者镜子里的自己听。不仅要重视自己的感受，还要尊重别人的感受。

2. 用心理暗示法调整自己的心态：闭上眼睛，调整呼吸节奏，闭眼，聆听自己的心跳，感受自己的脉搏。冥想美好事物，用内心为自己加油：我是最棒的！

①调整小升初的紧张学习氛围。

②在与别人的交往时，不仅要勇于表达自己，说出自己的感受，还要体会别

人的感受，关心他人。

③通过小活动和小游戏，学生掌握了基本的释放压力的办法和适度调节自我情绪的有效方法，为更好地完成小学学业打下了基础。

四、小结

同学们，希望你们珍惜今天的每一寸光阴，努力或者竭尽全力把事情做到最好！不为过去的事情伤感，也不为将来的事情焦虑。学会照顾自己，懂得安慰父母，知道感恩老师。把握好你人生的三大财富：时间、健康、感受。祝每一位学生都能有幸福健康的未来！

学生新知

学技能，懂真谛

凝碧校区　六（2）班　胡斐然

"天哪，怎么折出来的！"我拿着手里皱巴巴的彩纸，满面愁容地望着讲台上不知讲了多少遍的阿姨——叶博彦的家长。"我怎么还是学不会！"我今天是怎么了，为什么会带了这样的笨脑瓜来学校！

今天又是可爱的星期五，又会有多才多艺的家长来"拜访"我们了——给我们上一堂每周必不可少的家长讲堂。今天的家长讲堂会讲什么呢？我正想着，叶博彦家长就在掌声中走进了我们班。"今天，我给大家带来的是一个手工。快到母亲节了，我教大家给自己的母亲做一个胸花。"做手工啊，这个我最拿手了。我拿着一张彩纸，把它折成了我最拿手的"气球"。同学们都认真听着，家长在台上仔细地讲着，而我在自娱自乐地折彩纸。

"讲到哪儿了？"我问同桌。"讲到这儿了。"同桌把他的彩纸展示给我看。我又朝讲台上阿姨的手里的纸看去。"这么easy（容易），我早就会了。"我又拿了张彩纸开始乱折起来，过了好一会儿，我折出了一顶"小帽子"。

"快看我折出来的小帽子。"我迫不及待地炫耀给同学们看。可他们都在低着头折纸。

呀,什么情况?胸花已经呈现雏形了!我赶紧请教周围的女生,没想到她们都说不清道不明。我只好去问李直航:"嘿,你是怎么折的?""你不是自学成才吗?还来问我!""别说了,快点教我吧!拜托啦!"李直航耐着性子,给我讲方法:"先对折,再从中间……"我听了半天也听不懂。李直航又讲了一遍,就差动手帮我折了!而我依然一脸茫然。我将纸在手里反反复复折着,却看不到一点花的样子。而此时,好多同学已经折好了……

这堂课,我最终以失败告终。看着大伙手持小花,兴高采烈地回家送妈妈,我后悔极了!

家长热议

走近你,理解你

凝碧校区 六(2)班 宫常凯妈妈

家长讲堂在咱们学校已经进行好几年了。这一创新活动的开展,有利于学校、家庭与社会资源共享,同时对家长与学生的沟通起到了桥梁的作用。

我也有幸参加了这个活动。那一次我给同学们上了一节律动课"课间手指操"。当我走上讲台的时候,我的心情很激动;当我看到一双双明亮的小眼睛看着我时,我一下子紧张了起来。为了让我安心讲课,张老师还全程协助我管理学生。我一个动作一个动作地教,同学们一个动作一个动作认真地学,没有一个走神儿和交头接耳的,整个课堂都充满了欢乐的气氛。一节课下来,我是筋疲力尽。

课后,我的心情久久不能平静。通过这节课我了解到老师们的辛苦,他们在教育孩子时付出了多少辛勤的汗水!老师们,你们辛苦了!

学校开展家长讲堂这一活动，为家长提供了和孩子零距离接触与沟通的机会，也给了家长展示自己的机会，让家长知道如何与孩子沟通，用什么样的方法和语言才能更好地提高孩子的学习欲望。家长知道自己的宝贝儿是最棒的！只有与他们沟通，才能知道孩子需要什么，想要干什么。

老师这样说

一场及时雨

凝碧校区　六（2）班　潘超超

进入六年级，小升初成了悬在每一个与此相关者心头的利剑！虽然我的"黄金搭档"借助班会、德育十分钟、单独谈心等形式，面向全体兼顾个人，时时刻刻做思想工作，然而效果却不尽如人意。

今天的家长讲堂，范月亮妈妈请来她的好朋友、洛阳市著名的心理咨询师，从专业角度，向孩子们讲述"人生三大财富"，借此给孩子们做心理疏导，引导他们缓解压力，学会自我调节。

时间轴的概念，让人的一天、一生，一目了然。我们有这么多的时间在干什么呢？引人思索。家长谈到时间投资，以"刚做完作业，父母又让做新作业，完全没有自己的支配权"为例，引起孩子们的强烈共鸣。看来，在孩子完成规定作业之后，时间如何规划使用，需要各位家长与孩子们多沟通，适当给予孩子可支配的时间，引导他们发展多方面的能力。

健康是1，美貌、学业等都是后面的0，如果1没了，后面的0也就不存在了。你能为自己赢得多大的数字呢？要学会问候自己的身体，照顾自己的身体，保护好自己的每一个器官，不要过度使用某一器官。眼睛、耳朵、牙齿……再小也要关照到。把安全放在第一位，积极锻炼，才是最好的保护办法。

感受，外在的感受是生理现象，是感官能力。内在的感受要学会调控、疏导，不然将影响我们的生活。面对小升初，你的感受是什么？有的孩子觉得是压力、紧张；有的孩子却觉得无所谓，听之任之；有的孩子觉得机会很多，自己不担心，大不了这所没考上，再考其他，自己能想得开……那么，你的孩子属于哪一种呢？和孩子做一次深入的沟通吧！了解孩子真实的心态，才能给予孩子最大、最有效的帮助和支持。

用心理暗示法，调整自己的心态。调整呼吸节奏，冥想美好事物，用内心为自己加油：我是最棒的！

珍惜今天的每一寸光阴，努力或者竭尽全力把事情做到最好。不为过去伤感，不为将来焦虑。把自己当作一个大人，学会照顾自己，更懂得安慰父母。

茶道之美

授课班级：凝碧校区　六（3）班　家长姓名：关元里　学生姓名：关若男

家长简介：

关元里是关羽第六十四代孙，现在洛龙区龙门办事处工作。他坚信，陪伴是最好的教育。

授课主题：

茶道之美

教学过程：

一、导入，引入课题

同学们，中国是茶的故乡，中国人最早发现茶的用途，最早开始饮茶、种茶。人们常说，开门七件事：柴、米、油、盐、酱、醋、茶。可见，茶早已深入人们的日常生活，我国的茶文化源远流长。今天，我们就一起去领略一下茶文化的风采。

二、了解茶文化

1. 谈话

中国是茶的故乡，茶称为中华民族的国饮，其历史悠久，源远流长。中国茶文化内涵丰富，上自帝王将相、文人墨客、诸子百家，下至平民百姓，无不以茶为好。

2. 多媒体展示茶文化

茶如今在风靡世界三大饮料中已居首位，茶为什么能具如此的竞争力？让我们一起在品尝中国名茶的同时，体悟中国茶文化的博大精深。

三、饮茶与健康

究竟喝茶有什么好处，以至于我们中国人如此喜爱喝茶呢？喝茶能促进人体

健康吗？（小组讨论）

分组汇报。

四、茶文赏析

同学们大家好：中国茶文化内容丰富，不仅包括茶叶产地的自然生态环境、人文景观胜迹、名山灵泉，更包括茶的历史传说、名人典故、诗文楹联、茶歌、茶舞、茶画。（播放课件茶诗、茶画、茶联、配乐散文诗）

茶联：

①松风煮茗，竹雨谈诗。

欣赏：在幽雅的环境中煮茶论诗，是一件多么惬意的雅事。

②茶亦醉人何必酒，书能香我无须花。

欣赏：茶与书同样令人陶醉，可见它不仅是满足人们的一种生活需要，也是一种精神享受。

五、总结

学生新知

那一次，家长讲堂让我改变了许多

凝碧校区 六（3）班 焦紫欣

那一次，杨若云的家长给我们上了一节家长讲堂课，使我感动不已。

终于等到了下午，杨妈妈终于来了。杨妈妈身穿白上衣、蓝牛仔裙，她一进教室，雷鸣般的掌声便响了起来。同学们可能是因为杨妈妈很漂亮而鼓掌，也可能是因为可以缓解压力而鼓掌，不管什么理由，我们都是很欢迎杨妈妈的。因为是第一次见面，难免会有些紧张、尴尬，可是接下来这句话却让我们都放松下来，杨妈妈笑着对我们说："同学们，不用紧张，跟我谈心就像和妈妈谈心一样，你们有什么想问的，尽管提问，不要去拘束自己。"

同学们果然放松了，问了一个又一个的问题，杨妈妈都一一回答了。同学们听过解释后都露出了满意的笑脸，杨妈妈也很高兴。

我衷心地感谢您，杨妈妈：您让我懂得了学习的重要性，您让我明白了原来父母也很辛苦，您让我知道了原来学习并没有我想象的那么难，您让我变得自信，您让我觉得我是最闪亮的那颗星。

家长热议

美好的感觉

凝碧校区　六（3）班　关若男爸爸

在北京第二实验小学洛阳分校举行的家长讲堂活动中，我有幸成为为孩子讲课的一名家长，来到六（3）班和同学们一起学习和分享了一堂茶道之美。

当我步入课堂，走上讲台，看到下面一双双明亮的大眼睛时，我的心情是激动而略有些紧张的，但孩子们渴望学习知识的心情却让我惊讶。活动设计中我主要采用的是和学生互动讲课的方式。在分享阅读阶段时，我通过PPT和讲故事，希望孩子们能在无形中感受茶的文化之美。孩子们的表现非常好，都听得很认真，让我感觉到孩子们是真正地融入到茶文化当中。在整节活动中，孩子们争先恐后地回答我提出的每一个问题，在每一个同学的眼睛里我看到了孩子们对知识的渴望，望着那一双双明亮纯净的眼睛，我越讲越高兴，越讲越流畅，短短的40分钟很快就结束了，我意犹未尽，其中快乐和美好的感受依然留在我的心中。

感谢学校开展这项具有深远意义的家长讲堂活动，为家长提供了与孩子零距离接触与沟通的机会，给了家长一个展示自己的机会。通过这项活动我也深刻感受到了作为老师的辛苦，正是老师们的辛劳与全身心的付出，才换来了孩子点滴的进步。

> 老师这样说

为孩子打开另一扇窗

凝碧校区　六（3）班　陈晓红

家长讲堂是北京第二实验小学洛阳分校的一个特色活动，它是孩子们每一周最激动的时刻。

每次的家长讲堂都是在孩子们的期盼中如约而至，家长讲堂的内容丰富多彩、形式多样。喜欢书法的孔维海家长教孩子们如何写好汉字，让孩子们感受书法的魅力；高静怡家长带给孩子们科学小实验，激发孩子们热爱科学的兴趣；唐子轩家长为孩子们讲解古代各个年龄段的称谓，让孩子们感受中国传统文化的魅力；刘靓洁家长针对小学生追星问题让孩子们展开激烈的辩论；莫林臻的妈妈为孩子们讲解蛋糕的制作方法，并现场为孩子们提供材料，让孩子们动手制作香甜可口的鲜奶蛋糕；杨若云的妈妈了解到六年级学生面对小升初问题普遍都存在压力，给孩子们说出了家长的心声，为孩子与家长之间架起了沟通的桥梁……家长们或结合自身的兴趣爱好，向孩子们介绍相关的知识，或结合日常生活经验，培养孩子们动手实践能力，引导全体同学共同参与感知。

家长讲堂活动开展以来，得到了孩子与家长的一致好评。因为孩子们的学习内容大多来自书本，开展家长讲堂活动，可以充分利用家长资源，可以弥补学校的教育教学资源的不足，通过多种方式使孩子开阔视野、增长见识，更好地为学生成长提供优质的教育资源，为学校、家长和孩子三方互动搭建了平台，有利于三方形成合力，促进学生的全面发展。

小零食，大学问

授课班级：凝碧校区　六（4）班　家长姓名：徐笑迎　学生姓名：徐嘉璐

家长简介：

徐笑迎是国家二级公共营养师，一直坚信，丰富自我、做孩子的榜样，是对孩子最好的教育。

授课主题：

小零食，大学问

教学过程：

一、调查班里的学生平时爱吃哪些零食

二、学生们自由发言自己选择零食喜好和标准是什么

三、介绍哪些零食对我们有益，哪些对我们有害

1. 零食的定义

2. 零食的必要性

3. 零食的选择

生产日期、营养成分、配料表、食品安全标志。

七大营养素：碳水化合物（生命能量）、蛋白质（生命的组织和构成）、脂肪（能量来源和保护层）、维生素（生命的催化剂）、矿物质（生命的催化剂）、纤维素（身体的清洁工）、水。

四、教会大家如何购买安全有益的零食

五、和学生互动

六、总结

零食好吃又好看，

如何选择要思考。

孩子不懂大人教，

科学食用最重要。

学生新知

家长讲堂的魅力

凝碧校区　六（4）班　徐嘉璐

盼望着，盼望着，周五来了，带来了同学们的期盼，带来了老师们更加慈祥的面孔，也带来了我愉悦的心情。

从入学到现在，我经历了无数个家长讲堂，真的是受益匪浅。但给我印象最深的还是那一次……

上课铃响了，我们全班同学静静地坐在那里期待着，一个身影轻快地走上讲台。"同学们好，我是赵怡歆的妈妈，很高兴来到家长讲堂，今天我来教大家做蛋挞。"说着，她拿出了准备好的鸡蛋、面粉、糖等材料，一步步教我们怎样制作。

同学们兴致勃勃地边看边问，场面真是热闹非凡。十多分钟后，阵阵诱人的香味从烤箱中飘出，弥漫了整个教室，大家都迫不及待地想要尝一尝了。

赵怡歆妈妈把蛋挞分给大家，然后又给我们讲了她给幼儿园小朋友做蛋挞时，小朋友懂得分享的小故事；告诉我们自己孩子在家懂得帮家长分担家务；教育我们每个人知道感恩……

同学们聚精会神地聆听着。慢慢地，我的眼睛湿润了。是啊，为我们付出了那么多的父母，教给和教会了我们知识和做人的老师，遇到困难时给我们无私帮助的朋友和陌生人……他们都值得我们真心地去说声"谢谢"。

家长热议

乐在家长讲堂

凝碧校区　六（4）班　李浩屹妈妈

5月19日下午，在北京第二实验小学洛阳分校举行的家长讲堂活动中，我有幸成为为孩子们讲课的一名家长，到六（4）班和同学们一起学习和分享了一堂说文解字课。

当我步入课堂，走上讲台，看到下面一双双明亮的眼睛时，我的心情是激动而略有些紧张的，孩子们渴望学习知识的心情与分析问题的能力更让我惊讶。活动设计中，我主要采用的是和学生互动来理解汉字的方式，希望同学们积极参与进来，提升对汉字演变的观察能力。在汉字解读小组竞猜阶段，我提供的是卡片，一组一张。孩子们的表现非常好！没有一组同学出现纪律混乱的状况，都在按照我的要求认真填写卡片，让我感觉到孩子们是真正地融入说文解字当中。在整个活动中，孩子们争先恐后地回答我提出的每一个问题，没有同学走神、交头接耳。在每一个同学的眼睛里我看到了孩子们对知识的渴望。望着那一双双明亮纯净的眼睛，我越讲越高兴，越讲越流畅。

短短的40分钟很快就结束了，我虽然不能记住每个人的名字，但是孩子们的精彩发言还是感动了我。我为孩子们的理解能力和大方率真的展示叫好，快乐和美好的感受会永远留在我的心中。

> 老师这样说

最美家长讲堂

凝碧校区　六（4）班　丁俊丽

在北京第二实验小学总校的引领下，为了端端正正地书写这个大大的"人"字，我们深深地意识到孩子的成长离不开家长的引领，老师的培养，社会的熏陶。在北京第二实验小学洛阳分校的课堂里，我们尝试了一种全新的校本课程——家长讲堂。这是我校校本课程研发的实践课程之一，颇受学生、老师和家长们的喜爱。每周五的下午社团课上完以后，孩子们翘首企盼等待着家长朋友的到来。随着一声声"叔叔阿姨好""孩子们好"，家长讲堂拉开了帷幕。

在家长讲堂这个舞台上，家长朋友八仙过海，各显神通。认识家长眼里不同的孩子，认识孩子眼里不同的家长。每逢家长讲堂，我都像学生一样坐在后面静静聆听，静静观察。观察家长的认真投入，聆听孩子们的精彩发言，沉浸其中，惬意极了。

那次母亲节，赵怡歆妈妈为了准备以"感恩母亲"为主题的家长讲堂，前一天晚上发面到十二点，第二天不到五点就起床给孩子们做蛋挞，只为孩子们能吃到新鲜的蛋挞。打蛋器、牛奶、草莓、面包机等统统搬到教室里，赵怡歆的爸爸作为助手也加入家长讲堂的大军，可谓全家总动员。蛋挞制作过程的辛苦延伸到生活里的点点滴滴，孩子们谈自己该如何以实际行动来感恩父母。一颗颗感恩的种子在孩子们的心中生根、发芽、开花、结果。

作为语文老师的我，只要有家长讲堂我就有后续活动，对于孩子们感兴趣的、能引起共鸣的内容和他们亲自参与的活动，我都让他们写出自己的感想，进一步深化家长讲堂的效果。

如今的家长讲堂正如一颗美丽的种子，种在北京第二实验小学洛阳分校里。我想，她必将生根、发芽、开花、结果，成为学校最美的一道风景线。

想象力——逆向思维

授课班级： 凝碧校区　六（5）班　**家长姓名：** 张姣芳　**学生姓名：** 陈才慧、陈佳慧

家长简介：

张姣芳是一名教师，热爱读书，热爱生活，热衷于参加学校趣味盎然的各类活动。最喜欢以笑颜，以一个倾听者、陪伴者的身份出现在孩子们身边。

授课主题：

想象力——逆向思维

教学过程：

一、揭示课题

孩子们好！记得爱因斯坦曾经说过：想象力比知识更重要。因为知识是有限的，而想象力代表着未来，所以，想象力才是知识进化的源泉。

爱因斯坦如果没有那丰富的想象力，以及坚持不懈的努力，他不可能发明出那么多造福于人类的物品。

今天，这节家长讲堂，我们就来探讨一下关于想象力——逆向思维的话题。

二、出示课件（故事一：爱因斯坦博士的司机）

1. 故事内容：爱因斯坦博士的司机和爱因斯坦一起参加一个演讲，爱因斯坦在台下当观众，司机冒充爱因斯坦在台上演讲，可观众却提出了一个只有爱因斯坦才能回答出的问题。这个时候，假的爱因斯坦——司机心急如焚，面临着被拆穿谎言的尴尬，但很快，司机用了一句非常机智的话摆脱了这一尴尬。

2. 大家推测一下爱因斯坦博士的司机的回答。

3. 出示爱因斯坦博士的司机的回答："这个问题太简单了，就连我的司机都

知道这个问题的答案。回答这种问题太伤我的自尊心了。那么现在就由我的司机给你们讲讲这个答案吧。"于是，坐在最后排的爱因斯坦博士站起来回答了这个问题。这样演讲就顺利地结束了，而且谁也不知道这次的演讲是由爱因斯坦博士的司机完成的。

4. 小结：这就叫作"机智"或"智慧"。人活着，不仅需要知识，更需要能应对各种状况的机智或智慧，因为有时机智或智慧比知识更能解决问题。

三、出示课件（故事二：卡耐基的绝妙主意）

1. 故事内容：卡耐基和妈妈一起逛街，走到一家食品店，卡耐基非常想吃花生，老板让他自己抓，但他自己却不抓，最后等老板给他抓了一把花生。

2. 同桌探讨：卡耐基当时为什么只是静静地待在那里而不抓花生呢？

事实上，卡耐基想吃非常多的花生。卡耐基是这样回答妈妈的问题的："老板叔叔的手比我的大多了。老板叔叔给我抓的比我自己抓的要多一倍的花生呢，所以我就等老板叔叔给我抓。"

估计也是因为卡耐基聪明可爱的样子，店老板才给他抓了那么多的花生。这就是拥有卡耐基这样的机智的好处。

四、出示课件（故事三：继承财产的儿子）

1. 故事内容：一位父亲去世前，写下遗嘱，要将所有遗产留给他们家的司机，儿子很生气。后来他的朋友教给他一个方法，他终于得到了所有的遗产。

2. 思考：他的朋友教给他什么方法呢？

3. 方法：朋友给儿子做了仔细的说明，"你父亲只是在考验你的机智而已，你只要选择司机，这样你们家里的财产就都是你的了"。

4. 小结：父亲只是为了让儿子明白作为富人应该怎样思考，所以才写了这样的遗嘱。父亲是想让儿子知道，在世上生活，智慧比金钱更为重要。

五、总结

孩子们，当我们在生活中遇到一些意想不到的事情时，要从容镇定，运用自己的智慧，发挥自己的想象。有时思维转个弯，逆向思维一下，或许就能柳暗花明。

❖ 学生新知 ❖

家长讲堂　励志讲堂

凝碧校区　六（5）班　陈才慧

说真的，虽然这两年间已上过无数次的家长讲堂，但唯独那节课，真的给我留下了不可磨灭的印象。

那是杨若言妈妈上的，在那节课上，阿姨先是激情洋溢地和我们分享了在面对困难时不向困难屈服、敢于昂起头来、直面挫折的名言警句，又分享了"只有用汗水与努力才能浇灌出梦想之花"的名家事例。起初，这一切真是让我心潮澎湃，但并没有引起我深入的思考。接下来，我看到了本节课的点睛之笔——尼克·胡哲的励志视频——他一脸笑容地用拳头大的双腿和上身在桌子上来回移动，平静地诉说着"当我第一次想直立起身子时，我尝试了100次，经历了100次的钻心之痛，但都失败了，于是，我继续尝试第101次……"看到这里，我被震撼了。我以一种敬仰的姿态去注视着视频上那个"畸形之身"的人，他乐观开朗、坚强勇敢地面对生活。看到他最终成为自己的人生赢家，成为如太阳一般耀眼的人时，我开心地笑了。而当看到一旁阿姨饱含深意的目光与笑容时，我突然间顿悟了。哎，能站在万山之巅的强者根本不会因为身有残疾而掉落山谷。拒绝奋斗，不敢奢望成功，那是弱者的表现。就像尼克，他是被上帝咬了一口的苹果，有那样的畸形之身，从小生活在众人的围观与讽刺、同情之中。但他却不因残疾而悲观失望，抱怨叹息，而是咬紧牙关，用流尽汗水与泪水后的微笑，坚强地告诉世人："我并不屈服！"于是，人生满天华彩。

我看着自己健全的身躯，不由得感叹道："我们身处青春年华且四肢健全，犹如冉冉而升的朝阳、绿意盎然的草木，为什么不能用心读书呢？"我呼了口气，心中突然升起一股豪迈之情。从今天起，我必会拼尽全力去追逐梦想，做一只矫健雄鹰，乘风扶摇，搏击长空，飞向万里。

家长热议

"爱"育精彩

凝碧校区　六（5）班　程思远妈妈

"同学们，上课时间到了。"我怀抱着精心准备的材料三步并做两步走上讲台，开始了我的家长讲堂。

"同学们，大家好，我是程思远的妈妈，今天我教大家一个手工制作，是什么呢？"我在提问中开启了我的家长讲堂。"'唯有□□真国色，花开时节动京城'，哪位同学知道这首诗的空格里面填写什么？"只见台下同学们有的高高举起右手，有的交头接耳，有的窃窃私语……"牡丹、牡丹，肯定是牡丹！"一个又一个稚嫩的声音飘向我的耳边。"哪位同学可以上来画出牡丹的花和叶子呢？""阿姨，我可以……"一张张迫不及待的小脸，一个个争先恐后地参加。"你们画得真棒！现在有了牡丹花和叶子的模板，我们可以开始手工制作了。"我的小助手程思远箭步如飞地来到我跟前，把提前准备好的皱纹纸、铁丝、剪刀、双面胶按照小组一一分发。第一步制作花蕊，将黄色的皱纹纸剪成长方形，再剪成絮状，剪好后粘上双面胶；第二步制作花瓣，用粉红色、紫色、红色的皱纹纸剪成花瓣的样子，大小不一，每一片花瓣上粘上双面胶；第三步制作花叶，将绿色的皱纹纸剪成长方形，折叠几次，按照叶子的形状剪好后在背面粘上双面胶；第四步开始固定，先撕开花蕊的双面胶，卷到铁丝上，然后粘花瓣，按从小到大的顺序粘好，最后把花叶粘在花瓣下。"阿姨,我剪的对不对?""阿姨,这个地方怎么办?""程思远,我的皱纹纸不够了!"……一个个问题使我始料不及,我和我的小助手忙上忙下,一遍一遍不厌其烦地耐心讲解,手把手地修改,终于,一个个"战利品"初具规模,有的像姚黄,有的像赵粉,有的像赵紫,有的像二乔……姹紫嫣红,栩栩如生。当我们意犹未尽的时候,下课铃声响了,我终于如释重负松了口气。

家长讲堂,每位家长以不同的视角、对待事物不同的看法和认知,搜索合适的题材,认真准备,不但圆了我们自己儿时的梦想,又开阔了孩子们的视野,使他们了解各种各样、各行各业的知识,如对世界的探知、各个国家的历史……

家长讲堂,"爱"的讲堂,让我更深刻地体会到老师们的辛勤付出和孩子们强烈的求知欲。

老师这样说

每周之约

凝碧校区　六(5)班　白亚平

每到周五,学生总会充满兴奋地期待着,因为下午会来一位不一样的老师,这位老师的职业是神秘的,要讲的内容也是未知的,这就是我们学校的家长讲堂。老师把身处各行各业的学生家长请进课堂,为学生讲授运动、健康、环保等方面的知识。这一课程受到了学生、老师和家长们的一致欢迎,不仅学生们在轻松愉快的课堂中学到了知识,而且学生家长也在讲课中受益匪浅。

瞧,我们班黄思颖爸爸是个运动爱好者,他为大家详细讲解了各种球类运动知识,引得班里的男同学兴奋异常,不停地提出疑问。当介绍到喜欢的球星时，有男生激动地主动站起来为大家介绍，那份骄傲自豪别提多牛了！杨若言妈妈为大家带来了励志小故事，她让学生们大声讲出自己的理想，并写在日记本上。她希望通过这样一堂课使孩子们从小在心中树立梦想，并为之努力奋斗。

　　学生们期盼上这样的课，因为他们能够学到更丰富的知识，还能认识到家长的另一面；家长们也从中获得了当老师的特殊体验，体会到老师教学的辛苦，学会如何更好地与孩子沟通；而我们也从各位学生家长的讲课中受到启发，开拓了教学思路。

说说"成功"那些事儿

授课班级：凝碧校区 六（5）班　家长姓名：王钦霞　学生姓名：杨若言

家长简介：

王钦霞，本科，经济管理专业，经济师。希望每个孩子都有自己的理想，健康快乐成长！

授课主题：

说说"成功"那些事儿

教学过程：

一、导入

从小要有梦想，有志向。

分享马术师（杰克·亚当斯）的故事。

心得：一次考不好没有什么，不要轻易放弃自己的志向，要相信自己。今天的障碍或许是明天的优势。

二、拥有良好的情绪管理

不自暴自弃。分享文学家大仲马的故事。

三、分享数学王子高斯的小故事

心得：鼓励孩子要敢想敢做，建立自信，挑战自我，实现梦想。

四、天道酬勤

勤能补拙是良训，一分辛苦一分才。有天赋没有勤奋，也将会一事无成。伟大的成功，和辛勤的劳动是成正比的。有一分付出就有一分收获，日积月累，从少到多，就能创造奇迹！

五、观看励志短片——有关"海豹人"尼克·胡哲的故事

总结：同学们，看完这段视频，相信你已经对生活有了自己新的认识。一个人活得精彩还是平凡，完全取决于自己。你是否也想过跟别人不一样的生活？那就不要怕，用积极的心态去面对，我们共同努力，一起创造，实现美好未来，好吗？

学生新知

小课大作用

凝碧校区　六（5）班　程思远

在家长讲堂上，我们学了许多有意思的知识：如何剪纸花，了解篮球比赛规则，家乡风俗介绍，励志教育，走进军旅生活，家装知识介绍……让我印象深刻的是黄思颖家长讲的那堂课——篮球比赛规则介绍。本来班里流行打篮球，但我们对它的规则却一无所知，她的爸爸得知后，就精心准备了一节关于篮球比赛规则介绍的课。

这堂课对于我们大家来说真是一场及时雨！上课啦，环视四周，我发现大家一个个瞪着大眼睛，聚精会神地听着，生怕漏掉一句话。黄思颖爸爸提出问题，同学们马上举起手，迫不及待地回答问题，真是活跃而不失有序。整整一节课，大家和黄叔叔快乐地互动着，这让我们在六年级紧张忙碌的气氛中得到放松，还使大家开阔了视野。我好喜欢这堂课！

当然，我也清晰地记得妈妈上的家长讲堂，精彩极了。那是一堂手工课，内容是做康乃馨送给妈妈，我是妈妈的小助手，她把什么杂事都交给我。"程思远，我的皱纹纸不够！""程思远，我没有绿胶带！""阿姨，我的胶水不够了！"这一趟趟跑下来，只能用一个字形容——累！看向妈妈，她正滔滔不绝地讲着，活像一个美术老师。

家长讲堂不仅让家长体会到老师的不容易，让家长都能体谅老师，还让我们这些小助手也懂得老师的不容易。家长讲堂真的是小课大作用。

家长热议

快乐讲堂

凝碧校区　六（5）班　杜文菲妈妈

转眼之间，孩子马上要小学毕业了。回顾往事，我们北京第二实验小学洛阳分校的家长讲堂也已经开展了好几年。我们班的孩子是北京第二实验小学洛阳分校建校以来的第一批学生，同样，我们是第一批走进讲堂的学生家长。

刚开始听说要给孩子们上课，我感到压力很大。作为一名普通的学生家长，从来没有上讲台讲课的经历。突然要面对几十个学生，真不知道该讲些什么内容。冥思苦想后，我决定给孩子们讲些名人小故事，给他们树立榜样，以激励他们好好学习。

我还清楚地记得第一次上课的情景。当时我很紧张，声音都有些不自然。好在我很快调整并放松下来。小学的孩子们活泼可爱，当然也不乏调皮捣蛋的。课堂纪律虽然有点乱，但总体上孩子们配合得很好，发言积极，且时不时地对所讲内容讨论一番。通过和孩子们近距离接触，我不仅更加了解了孩子们内心的想法，而且体会到了当小学教师的不易。我们家长只是来上一节课而已，而辛勤的园丁——教师，每天每节课都要面对这些活泼好动、思想活跃、七嘴八舌、脑子里装满各种稀奇古怪想法的孩子们，真不知道老师是怎么"控制"住这些"古怪精灵"的。

孩子们其实很渴望获取新鲜的知识，只要家长能很好地引导，并选对他们感兴趣的内容，他们个个都是好学生。例如：有些家长利用自己的专业给孩子们讲航天科普类的知识，有些家长带领孩子们做手工，有些家长带领孩子们踢足球，还有些家长把名人励志故事做成PPT的形式播放给孩子们看，这样更能激发孩子们上课的热情和提高听课专注度。还有好多家长带给孩子们非常好的课堂学习内容,真是不胜枚举。所以周五的这节家长讲堂课,是孩子们最期盼的一节课。这一节课能使他们从一周繁忙的课业中暂时解脱出来,放松心情,做到劳逸结合。而我们家长呢,也受到孩子们感染,仿佛时光倒流又回到了学生时代,和孩子们一起学习,一起玩耍,一起快乐!

老师这样说

我眼中的家长讲堂

凝碧校区　六(5)班　李宝红

家长讲堂是北京第二实验小学洛阳分校的特色课程,是北京第二实验小学洛阳分校的一个亮点。

一方面,它旨在通过这堂课让家长走进学校,走进班级,走近学生,走近老师,进一步了解学生和老师;另一方面,它旨在通过这堂课让孩子们获取更多的知识,开阔视野。

印象最深的就是杨若言妈妈讲的"说说'成功'那些事儿",这是一堂励志教育课。讲的是尼克·胡哲这个大家眼中的"怪物",他从出生起就没有四肢,因此遭受了许多白眼,遇到许多挫折,但他凭借自己坚强的毅力,不放弃,努力向上,最后取得了成功,得到大家的一致认可。一堂课下来,大家沉默了,不少同学低头抽泣。我分明感到自立自强这颗种子已经播进学生的心田。

像这样有意义的家长讲堂,还有很多很多。家长们有着不同的职业、不同的学历层次、不同的社会阅历,但他们有着相同的目的——精心准备,认真上课。正是他们的努力,使孩子们收获了知识,增长了见识。

植物王国

神奇的植物仿生

授课班级：凝碧校区　三（4）班　家长姓名：高水平　学生姓名：范昊祥

家长简介：

　　高水平是一名优秀的大学生物系教师，她懂得尊重和欣赏孩子，教育孩子健康乐观地面对生活，注重孩子综合素质的培养。

授课主题：

　　神奇的植物仿生

教学过程：

　　一、通过故事引出问题，引起学生兴趣

　　先播放动画片《鲁班造锯》，让学生了解锯子的发明过程，了解锯子和茅草之间的特殊联系，然后提问：锯子是谁发明出来的？他是根据什么发明出来的？他是根据锯子的什么特点发明出来的？由此引出植物仿生的基本特点——人类模仿植物的结构和功能来进行发明创造。

　　二、通过提问，引导学生讲述自己知道的身边的仿生学实例，并引导学生总结仿生发明的关键——仔细观察

　　三、通过图片展示粘扣等发明的仿生学原理，通过短视频展示荷叶仿生原理及发明实例

　　四、课堂总结，谈收获

学生新知

我喜欢这样的课堂

凝碧校区　三（4）班　王舒畅

令我最难忘的一次家长讲堂是刘奥天的爸爸上的。

刘奥天的爸爸拿出几张画着交通标志的图，让我们认。我们一个一个都认出来了，可是没想到有一张图标把我们难住了。大家一个个急得直抓头发，可是就是想不出来。就在大家一个个垂头丧气的时候，刘奥天的爸爸说出了答案。原来这是禁止通行的标志。这个图标其实挺常见的，但是我们从来没有留心，所以答不出来。看来在生活中要处处留心，才能增长学问。

认完图标，刘奥天的爸爸又叫了两名同学进行军训练习。随着叔叔的口令他们一会儿左转，一会儿右转，一会儿又后转，没一会儿，他们就转晕了。看着他们迷失方向的样子，我们都哈哈大笑起来。叔叔告诉我们这些只是军训时候最常见的、最基础的。做一名军人是很辛苦的，要付出许多的努力，这样才能真正地报效祖国。

家长热议

和孩子一起成长

凝碧校区　三（4）班　李锦豪爸爸

首先感谢学校，通过家长讲堂使我有机会和孩子们交流，可谓受益颇多。我深深体会到学校对学生的重视、关心和爱护，也更深地体会到家庭教育在孩子成长、学习过程中的重要性。

学校的学习环境和家庭环境有着天壤之别。在这中间，家长和老师就承担了桥梁作用，家长和老师只有充分沟通，共同探讨孩子教育问题，达成共识，才能全方位地帮助孩子成长。正如智者所言：成功是一种习惯，失败也是一种习惯。我们要让孩子养成一个好的习惯就要从孩子的书写习惯、做作业习惯以及生活习惯等方面着手，通过一些不经意的小事培养孩子良好的习惯。

家长要保持一颗平常心，正确看待自己的孩子。其实，老师批评孩子，正说明老师关注自己的孩子，如果我们家长、老师保持一致意见，会更有利于孩子改正缺点。另外，我们也应看到孩子的优点，对孩子所取得的哪怕是小小的进步，也要给予肯定，使孩子建立起自信；应理解、尊重孩子的选择，信任孩子，与孩子平等相处。每一个孩子都是独立的个体，就像世界上没有两片相同的树叶一样，世界上也绝对没有两个完全相同的孩子。所以，我觉得对于孩子的正当要求和理由，家长需要站在孩子的角度去分析利弊，只要是有道理的一般都应该同意。同时，这也更有助于培养孩子的自信心和自主能力，也能使孩子更信任你。家长讲堂是沟通学校、家长和学生的良好渠道，希望学校能继续搭建家校沟通的良好方式，形成合力，共同实现孩子全面健康的成长。

老师这样说

成长路上，一起前行

凝碧校区　三（4）班　王静丽

家长资源是学校最为丰富的校外教育资源，为充分挖掘家长资源，拓宽孩子们的视野，让他们学到在学校学不到的知识，我们学校每学期都会开设家长讲堂活动。这个活动受到了很多家长的欢迎，家长们都积极踊跃参加，走进课堂，和孩子们一起共度难忘的一节课。单是这学期，我们班就有16位家长走进教室，为孩子们呈现了一节节生动精彩的课堂。

家长讲堂这个活动办得非常有意义。一方面可以让家长体验一下做老师的感觉，了解孩子在课堂上的表现，理解老师的不易；另一方面也拉近了他们跟孩子们的距离，真正把家庭教育、学校教育融为一体。孩子们看到自己的爸爸、妈妈站在讲台上是非常自豪的。他们坐姿端正，听讲认真，回答问题也非常积极。

家长进课堂，学校也为家长提供了与孩子零距离接触与沟通的机会，给了家长一个展示自己的机会，让家长知道如何与学生沟通，用什么样的方法和语言才能更好地提高学生的学习欲望，让家长知道自己孩子的特点，以心切入到他们的心里，才能知道孩子需要什么，想要干什么，才能让孩子更了解老师，了解父母的心情。同时，家长也能对我们教师的工作有更多的理解和支持。我们好多家长参加过这次活动以后，在孩子的管理和教育方面都有了明显提高，而且也更加配合学校的各项工作了。

孩子的成长不仅仅在于学校的教育，家庭教育也同样重要。所以，希望越来越多的家长朋友们都能参与其中。"角色"由"家长"转变为"老师"，由"教育一个孩子"变为"教育一群孩子"。我相信这种转变一定会让所有家长受益。

洛阳牡丹甲天下

授课班级：凝碧校区　五（3）班　家长姓名：白文静　学生姓名：白雅婷

家长简介：

白文静，教育理念是培养孩子独立自主的能力，让孩子快乐学习，健康成长。

授课主题：

洛阳牡丹甲天下

教学过程：

一、介绍牡丹生长所需的条件

1. 土质；2. 土性；3. 水；4. 肥料；5. 温度；6. 光照。

二、牡丹的生长特点

三、牡丹的品种

洛阳牡丹品种按色系分共538个。

红色系204个，白色系67个，粉色系133个，黄色系11个，紫色系69个，蓝色系26个，绿色系4个，黑色系20个，复色系4个。

四、牡丹的历史

说一说：你都知道哪些赞美牡丹的诗句？

五、牡丹和洛阳的渊源

介绍牡丹的传说。

六、洛阳牡丹文化节的来历

学生新知

我喜欢

凝碧校区　五（3）班　郑紫琪

我们的家长讲堂别具一格，有许多家长积极参与，精心准备，有时还会带小礼品。家长讲堂的内容也是丰富多彩的。做手工，讲牡丹花，分析著名的作者，畅谈家长自己的人生感受……要说我最喜欢的，莫过于刘艺沛的妈妈主持的家长讲堂：《曹雪芹的故事》。

曹雪芹是我国四大名著之一《红楼梦》的作者，他是一个著名的作家。说到《红楼梦》，可谓家喻户晓，从小我就耳濡目染，现在我阅读了《红楼梦》，觉得《红楼梦》真的是很有趣的一本书。

只见阿姨站在讲台上从容不迫地为我们讲解曹雪芹的经历，连一丝紧张感都没有，直接脱稿，简直是所有主持家长讲堂之中最棒的一个啦。通过她的讲解，活生生的曹雪芹就浮现在我的脑海里。

曹雪芹用自己的丰富经历谱写了壮丽的篇章，让世人敬仰；而阿姨用自己的学识演绎着别样的精彩，让我们感动！我喜欢的不仅是家喻户晓的曹雪芹，更是阿姨那沉着镇静的神情，以及做事认真的态度。

家长热议

重返校园

凝碧校区　五（3）班　焦晨阳姐姐

"没有家庭教育的学校教育和没有学校教育的家庭教育，都不可能完成培养人这样一个极其细微的任务。"每逢周五，弟弟回家都会兴高采烈地和我们分享当天家长讲堂上所学到的知识。弟弟的兴奋引发了我对这个活动的兴趣。加深对家长讲堂的了解之后，我不禁为这一活动点赞。让家长走进课堂分享课堂外的知识，加强家校联系，如此一来，家庭教育和学校教育之间也能进一步融合。这样的活动给了家长们一个走近孩子、走进学校的机会。作为姐姐的我暗暗下定决心：我要走进课堂。

近年人工智能成为社会热点，和机器人有关的产品也走进了平常家庭，而刚刚进入大学的我也接触了不少相关方面的知识。因此，我选择了机器人这个话题：什么是机器人？机器人能做什么？未来的机器人会是什么样子？

课还没有开始，班里的几个孩子就出来和我打招呼，孩子们的鼓励消除了我的紧张感。在老师的组织下，我们很快开始了这堂课。当我问第一个问题"什么是机器人"时，孩子们都齐刷刷地举起了手。他们的热情让我惊喜。班里有不少对机器人感兴趣的孩子，他们看过相关的书籍影视，了解过相关的知识。他们的回答让我眼前一亮。有的孩子从看过的影视作品中举例，分享他对机器人的认知；有的则是从书本中总结，用自己的语言表达了专业的定义；有的甚至还能背出阿西莫夫的机器人法则！孩子们的知识面和思维让我佩服，他们兴趣广，敢钻研。最让我难忘的是最后一个环节：设计未来的机器人。孩子们迫不及待地分享起了自己的想法。有的希望机器人能代替父母做所有的家务，从而让父母不那么辛劳；有的希望机器人能解答他们所有的问题，好让自己变得无所不知；有的则希望机器人能够更加像人，这样就能多些玩伴……孩子们的想象力让人赞叹，纯洁的愿望更让人感动。

整堂课的氛围十分活跃，孩子们的参与度也非常高。和他们在一起，我真实地体验到了"祖国的花朵"的含义，也加深了对学校教育的了解。这些孩子的求知欲促使他们不断地学习，而他们的活力不仅仅展现在课堂上，也展现在课堂外。敢于想象、敢于探索，善于思考、善于表达，相信他们的未来一定会格外美好！

  时光荏苒，当我再次走进这个校园，内心真的是百感交集。作为她曾经的学子，我为她如今的模样感到自豪；作为孩子的家长，我为她的变化感到欣慰。

生命安全

珍爱生命　预防溺水

授课班级：凝碧校区　三（4）班　家长姓名：茹素霞　学生姓名：李梦豪

家长简介：

作为家长，她为孩子营造了一个和睦温馨、充满快乐和关爱的家庭氛围。从来不采用家长式的管教方式，更多的是以朋友的方式相互沟通，相互尊重。

授课主题：

珍爱生命　预防溺水

教学过程：

一、创设情境，营造氛围

1. 讲发生在身边的惨痛的溺水事件：一群天性活泼的十二三岁少年在浅水域相互追逐嬉闹。疯玩之中，一名叫张猛的少年突然跌入了主河道，其他4名少年都不会游泳，看到情况危急，4名少年做了一个既勇敢又错误的决定：下去救张猛。结果，5名少年都溺水身亡，留下的是悲痛欲绝的家人。

2. 通过讲述一个真实的事件，在同学们的感叹、惋惜中很自然引出课题"珍爱生命　预防溺水"。

3. 问题：上面故事的孩子们为什么会发生溺水事件呢？他们违反了哪些安全规则？这时，给予孩子们充分的交流时间、思考的空间，让学生们在交流中认识安全的重要性，感悟生命的可贵。

4. 让学生说一说发生在身边的溺水事件。

孩子们讲述发生在身边的溺水事件，再一次震撼了学生的心灵，为下面学习防溺水安全行为知识做好了铺垫。

二、形式多样，牢记安全

1. 观看视频

为了让学生全面学习防溺水安全行为知识，我请出知识小博士（视频）。看完视频后，我问同学们：安全小博士告诉了我们哪些防溺水的安全规则？

2. 安全儿歌

为使防溺水安全知识好学、易记，我为学生准备了一首朗朗上口的儿歌《防溺水儿歌》。

> 我防溺水有高招，大人陪伴第一招。
> 私自游泳很危险，不去深水很重要。
> 我防溺水有高招，游前热身第二招。
> 伸手踢腿弯弯腰，预备动作不可少。
> 我防溺水有高招，解除抽筋第三招。
> 赶紧上岸很重要，喝补糖水解疲劳。
> 防溺措施要知道，不可逞能不骄傲。
> 安全二字记心中，远离危险身体好。

这首朗朗上口的儿歌，既为学生们创造了一个轻松、快乐的氛围，也可使学生们从中找到防溺水的诀窍，并牢记心中。

三、课后延伸，从我做起

1. 以"我的安全 我知道"为主题写宣传标语。要求孩子们不但自己要遵守安全规则，还要向身边的每一个人宣传。

2. 总结自救及抢救的方法。

四、总结

生命只有一次，幸福快乐每一天。希望同学们珍爱生命，感受生命的价值，自觉遵守防溺水安全原则及其他安全防范原则，祝大家天天安全。

拨打求助电话

授课班级：凝碧校区　三(5)班　　**家长姓名：**张雅静　　**学生姓名：**茹梓涵

家长简介：

作为家长，她努力为孩子营造和睦的家庭环境，让孩子在快乐中健康成长。她平时十分重视与孩子的沟通，能及时了解孩子的思想变化，对孩子的点滴进步都给予肯定和鼓励。

授课主题：

拨打求助电话

教学过程：

一、创设情境，激发兴趣

1. 师：昨天，我们学校收到一封感谢信。大家想知道是怎么一回事吗？

播放录像：一名歹徒向一个放学回家的小学生索要钱物，被不远处的李小宇看到了。他迅速求助周围的大人拨打110报警。几分钟后，歹徒被快速赶来的警察带走了，小弟弟得救了。

2. 师：看完录像，你知道事情的经过了吗？

3. 师：110真厉害，如果不是李小宇在关键时刻拨打110报警，小弟弟可真是太危险了。其实，我们在生活中，还会遇到很多意外情况，比如下面这些。播放录像：

镜头1：星期天，爸爸妈妈都上班了，奶奶突然病了。小明该怎么办？

镜头2：正在家里做作业的小红突然发现邻居家的房子着火了，而邻居都上班了，家中无人。小红该怎么办？

镜头3：王刚和爸爸外出时，遇到了一起车祸，他们此时该怎么做？

二、小组讨论，明理导行

1．师：请小朋友们讨论一下，遇到录像中发生的情况时该怎么做呢？

2．学生小组讨论，全班交流。

3．师：小朋友的办法确实不错。在拨打这些电话时，我们应该怎样向对方讲明情况呢？

（拨打电话时要讲清出事地点及受伤或发病人员情况，如：拨打122要说明交通事故发生的确切地点、人员受伤程度，并说清肇事者的车牌号码、车型和颜色）

三、情境表演，感悟要领

1．小组模拟打电话。

2．全班展示比赛。

3．师生评议。

4．评选"最佳合作奖""最佳个人奖"。

5．师：这些电话的作用可真大，我们平时能不能拨着玩呢？（学生讨论交流）

四、总结激励，延伸导行

1．师：小朋友们表现得这么出色，老师真高兴。老师特意送给大家一首儿歌，希望你在以后的实际生活中做得更棒，好吗？

2．出示儿歌，师生齐读。

丁零零，丁零零，特殊号码记心中。

火警119，匪警110，交通事故122，急救中心120。

危难时刻帮助你，小小电话显神通。

学生新知

珍贵的回忆

凝碧校区　三（5）班　熊晨曦

令我难忘的家长讲堂是李雨凝的爸爸上的，为什么令我如此难忘呢？

这位家长是一位军人，他给我们讲了军人是如何训练的，他给我们播放了一张图片，图片上有一位正在训练的军人和一只蜜蜂。当蜜蜂在军人面前飞舞的时候，军人一动不动，仿佛他的眼前什么都没有。这时李雨凝的爸爸告诉我们，只有首长说"你可以动了"，你才能动。他还告诉我们，军人要保卫我们的国家，所以军人一定要吃得了苦，受得了难，这样才能为国争光！

李雨凝的爸爸还给我们带来了礼物，我们迫不及待地想看看礼物是什么，他说："这是我最珍爱的子弹壳，我现在把它送给你们。"我一听这句话感动极了，这么珍贵的礼物，我一定要好好珍惜！

家长热议

给孩子不一样的课堂

凝碧校区　三（5）班　米乐妈妈

在听说北京第二实验小学洛阳分校这所学校的时候，听到的总是这个学校很重视素质教育，学校活动特别多，孩子们除了学习还能真正得到素质方面的提高。等家里的两个孩子真正进入北京第二实验小学洛阳分校的时候才知道什么是素质教育，学校真的是把素质教育做到极致，每个月都会有不同的活动，让孩子们能根据自己的特长都参与到活动中去，提升各方面的能力。

特别是家长讲堂是该校的一大亮点。每个家长都希望自己的孩子不仅能学到课本上的知识，还能多学一些课外知识，而家长们都各有所长，在接到家长讲堂任务的时候，都会精心做准备，把最好的知识带给孩子们。

在走进教室站在讲台上的那一刻，看着下面那一双双可爱的、充满求知欲的眼睛，就有一种无比强烈的责任感！只有走上讲台，只有看见孩子们那一双双大大的眼睛，才能明白教师这份职业的神圣。

老师这样说

家校联通　共筑精彩

凝碧校区　三（5）班　郭丹辉

家长是学校工作的坚强后盾，都说一个成功的孩子背后都有一个成功的家庭。学校教育、家庭教育是相辅相成不可分割的。我们学校采取了开设家长讲堂的方式帮助学生健康成长。

家长讲堂使每个家长都有机会站在讲台上，把自己擅长领域内的知识介绍给孩子们。这让学校的教育更加有效，我对我校家长讲堂的开设有以下几点感受。

一、学生能够了解更多的课外知识

课堂讲授的知识是有限的，家长讲堂让孩子的家长们参与到课堂中来，学生的知识面瞬间增宽了很多。新时期的教育目标是在各个领域都要培养出最优秀的人才，将来的社会将会是行行出状元的社会。家长讲堂的开设，让孩子们能够了解到更多的职业、更多的知识，开阔了眼界，为以后的发展奠定了基础。

二、增强了孩子们的自信心，有利于孩子们融入集体

我们班有这样一部分孩子，他们性格内向，自卑孤僻，平常不知道怎么与人沟通。家长讲堂的开设使他们增强了自信心，也给孩子们之间的交流提

供了平台。比如我们班的一鸣同学，在生活中就很孤僻，很少和其他孩子交流，可是家长讲堂改变了他。他的家长的到来，让他看到了家长不一样的一面。看着自己的妈妈变成了自己的老师，那种自豪感油然而生。我们班谁的家长来主持讲堂谁就负责给自己的家长照相，孩子在这个过程中，产生了荣誉感。

三、为家长和孩子的沟通建立了平台

一些家长跟我沟通，说孩子很少主动交流，而家长讲堂在孩子和家长之间建起了一座桥梁。在家长准备课堂内容的过程中，孩子们也特别愿意参与其中，这无形中给孩子和家长的沟通创造了机会。

机场安全检查小常识

授课班级：美茵校区　四（2）班　家长姓名：张华荣　学生姓名：张浩宇

家长简介：

张华荣，就职于洛阳机场，从事民航安检工作二十余年，对待工作兢兢业业，对待孩子学习认真负责。

授课主题：

机场安全检查小常识

教学过程：

一、了解机场安全检查的重要性

1. 同学们有知道"9·11"恐怖袭击事件的吗？（学生发言）

2. 播放视频简单了解"9·11"恐怖袭击事件。

反思：此事件中，地面安检人员如果能在安全检查时更为严格，将携带着违禁物品的恐怖分子拒于民航客机外，那么悲剧就可能不会发生了。

3. 小结：机场安全检查极其重要。（学生谈感受）

二、简单了解机场安全检查流程

边观看视频边进行讲解：

1. 办理乘机手续。

2. 进入安检通道。

3. 进行证件检查。

4. 人身检查：取出随身物品，如钥匙、手机、钱包等进行检查。

5. 手提行李检查：注意禁止携带物品的种类，如枪支弹药、管制刀具、易燃易爆物品等。

 6. 进入候机隔离区。

 7. 等待登机。

 三、人身检查

 1. 认识"手持金属探测仪"。

 2. 演示使用方法。

 3. 讲解检查流程、技巧：由前到后，由上到下，由里到外。

 4. 学生实际操作练习。

 四、小结

 今天你都有哪些收获？

体育运动损伤预防及处理

授课班级：凝碧校区　四（1）班　家长姓名：郭冰冰　学生姓名：郭嫣然

家长简介：

郭冰冰，男，33岁，毕业于吉林大学体育学院，硕士研究生，中共党员。现工作于洛阳外国语学校，从事体育教学工作。

授课主题：

体育运动损伤预防及处理

教学过程：

一、导入新课

回顾导入，例如："你们以前在上体育课的时候，老师有没有说过怎样预防运动损伤，你在运动过程中都受过哪些伤？会不会处理？"

二、讲授新课

1. 采用直观演示法。

问题1：什么是运动损伤？

播放一些运动损伤的图片，并列举运动损伤原因的图表，让学生了解运动损伤的类型，结合自身实际，分组讨论，并回答以上问题。

案例1：某同学由于不注意饮食和卫生，手脚长癣，属于运动损伤吗？

案例2：被火烧伤呢？

对学生回答中存在问题的，鼓励其他同学补充。对学生回答正确的，可以和其他学生鼓掌祝贺。对回答不出来的，鼓励他再想想，看看刚才的图片、图表。

2. 合作讨论法。

问题2：运动损伤的原因是什么？

出示案例进行讨论。

3. 学生自主学习法，思考探究学习法。

问题3：有什么方法和措施预防运动损伤？

让学生自主探究，从原因找预防措施。学生回答出预防措施。在这里我采用师生互动的形式，先由学生进行举手提问，最后由教师列出答案。

案例1：某同学长时间没锻炼身体，所以现在一有时间他就马上参加大负荷的运动，结果导致抽筋或休克，这位同学有没有做好预防措施呢？

案例2：某同学在打篮球时总是喜欢赤脚和穿牛仔裤，这样有没有做好预防措施？

4. 图片展示和模拟受伤情景，实践操作处理运动损伤。

最后用幻灯片形式展示扭伤、擦伤、肌肉拉伤、骨折的概念和处理方法，让学生从直观上认识到运动损伤如何处理，并且模仿练习教师对以上运动损伤的处理。模仿练习能更好地突破本课的难点。

三、课堂小结

1. 学生对自己在本课的学习情况进行评价，并与教师交流。

2. 教师通过课堂观察，对本次课的进展情况、学生的学习情况、教师的教学情况等方面进行总体评价。

> 学生新知

令人期待的家长讲堂

凝碧校区　四（1）班　付辰非

每周五下午，我们都会迎来一节特别的课，那就是家长讲堂。家长讲堂不仅向我们普及各种知识，还特别生动有趣，深受大家的欢迎。

与其他课最大的区别就是，家长讲堂的内容更加丰富多彩。每一个来讲课的家长都带来不一样的知识。聂钰涵的爸爸给大家介绍了"洛阳八大景"，分别是龙门山色、马寺钟声、金谷风晴、邙山晚眺、洛浦秋风、平泉朝游、天津晓月和铜驼暮雨。这里面的龙门山色和马寺钟声我知道，可金谷风晴和铜驼暮雨我就不知道了。可惜的是，有些风景已经不存在了。郭嫣然的哥哥上的家长讲堂，让我知道流鼻血、骨折、肌肉拉伤时应当怎样处理，学习到了生活中的急救小常识。张家强的妈妈向我们讲述了爸爸妈妈小时候的生活故事，其中，他们在石板上煎鸡蛋、煎鱼的情形给我留下了深刻的印象，我好羡慕他们啊！

家长讲堂上，家长还带领我们做游戏、做手工，动手又动脑，十分开心。李乐妍的妈妈带来的"疯狂猜谜语"，有必答有抢答，同学们个个争先恐后，到了下课还意犹未尽，真是"疯狂"得很。张家强的妈妈还教我们做小玩偶，蛮好玩的。袁佳音的爸爸教我们画画，他画轮廓，让我们每人画一颗葡萄，全班同学一起画了三串大大的葡萄，那幅漂亮的画直到现在还挂在我们的教室里。

家长讲堂还是美味的课堂呢。姚锦昊的爸爸给我们讲了大盘鸡的做法，听得我们直咽口水。有位妈妈准备好食材，在餐厅里教大家做寿司，我们自己亲手做成的寿司真是好吃。后来，我在家也试着做了一次，感觉很不错哦！

家长讲堂是一节有趣的课，同学们不但学到了各种知识，而且每次还能得到家长精心准备的小礼品，我真希望学校能多举办些这一类的课堂！

> 家长热议

家校共育，让孩子健康成长

凝碧校区　四（1）班　邓迪少妈妈

从孩子开始上学，我就发现北京第二实验小学洛阳分校非常重视养成教育，如"精彩两分钟"和每周五的家长讲堂。其实好的活动就应该坚持不懈地开展下去，作为家长我们绝对是大力支持。家长讲堂我一共参加了两次，一次是二年级给孩子们上了"风雨雷电"科学课，一次是四年级上的"拉布拉多犬"动物常识课。通过这两节课，我非常感谢北京第二实验小学洛阳分校长期不懈地坚持这一好的活动，给家长这样和孩子交流学习的机会，让我可以亲身体验孩子所在班级的学生情况，比如学习习惯、上课纪律、合作参与度等。我深深感受到几位老师的付出，她们事无巨细地把教育渗透到每个教育教学环节中，真是不容易！

我参加了两次家长讲堂活动，每次都有不同的感受。二年级的孩子们个个都积极踊跃，参与度极高，一调动就几乎全员参与。但是随着年级的增长，四年级的他们似乎出现了两极分化，小部分同学没有之前爱发言，甚至极个别同学不怎么参与课堂。在我语言和小奖品的激励下，依然有两三个孩子思想抛锚。当然这是正常的，随着知识难度的增加，这种两极分化必然会更严重，但是有这样的平台不是坏事。

对孩子而言，孩子会因为父母能站在讲台上给全班同学上课而感到骄傲，无意中增加了父母在孩子心中的分量，当他听到其他同学在课下议论"谁谁家长上的课可有意思了"，那自豪不言而喻。我家邓迪少经常说如果再轮着他，他一定要让爸爸也来讲课，为什么？我想他是想让其他同学也能表扬一下他的爸爸吧。

> 老师这样说

家校联系，合力教育

凝碧校区　四（1）班　李育晓

每一位学生家长都来自不同的行业，从事着不同的职业，其中不乏行业的精英、道德的模范，这是每一位学生身边最宝贵的资源。为了拓宽孩子的视野，增长孩子的见识，更好地为学生成长提供优质高效的教育资源，学校安排了每周一节的家长讲堂，邀请我们的家长朋友走进课堂，充分发挥自身的职业优势资源，为孩子们讲述社会大百科，完善学校、家庭、社会三位一体的教育体系，确保促进学生全面发展。

开学初的第一次家长会上我布置了这项工作，没想到家长们都还挺热心，参与度挺高，就是不知道效果会如何。一开始，我先从几个对学校工作比较热心的家长入手，让他们准备，然后到学校再进行沟通，确定授课内容之后再走进教室、走上讲台。我在教室后面和学生一块儿听讲。仅通过开学后一个月开展的4堂家长讲堂活动来看，家长们的授课内容新颖，孩子们的兴趣浓厚，认可度还是较高的。家长们有的提前好几周就开始充分征询孩子的意见和建议，并根据自身的特点，确定了较为丰富的活动内容。课堂上他们用亲切的话语，耐心地解答孩子们提出的问题，让孩子们大开眼界。

家长讲堂是一项需要家长们长期坚持的活动，我真心希望能继续办下去。我相信，家长讲堂活动在家长的积极参与下，在孩子们的热切期盼中，一定会收获更加丰硕的果实。班里的每一个孩子在学校"以爱育爱，爱育精彩"的大爱理念践行的过程中，会更加茁壮地成长。

消防大讲堂

授课班级：凝碧校区　四（2）班　家长姓名：赵彩霞　学生姓名：刘毅龙

家长简介：

她是有着十年工作经验的幼教工作者。

授课主题：

消防大讲堂

教学过程：

一、通过 PPT 展示消防知识，让孩子们有个初步了解

二、PPT 上呈现一些火灾图片，让孩子们了解火灾造成的伤亡和损失

三、讲解日常生活中存在的安全隐患

四、讲解火灾预防和逃生方法及保护措施

五、小组活动，展示火灾逃生方法、自救方法

学生新知

有趣的家长讲堂

凝碧校区　四（2）班　刘以轩

每周五下午有家长讲堂。家长讲堂，顾名思义就是由家长来给同学们讲一堂特别的课，因为每周只有一次，所以同学们都特别期待。可是，有的家长讲的连半节课时间都不到，而有些家长准备充分，讲课内容也特别吸引人。比如，一位同学的爸爸带了一个机器人到学校。它可以根据红外感应转向，

做一些简单的事情，而且我以前上拼装机器人课时也做了一个类似的，所以当时我就被深深吸引了，觉得人类真的很厉害，发明出这么多有趣的东西。

家长讲堂上我们学到了很多课堂上学不到的知识，也有了更多的动手机会。这就是我对家长讲堂的感悟。

家长热议

未来的生活

凝碧校区 四（2）班 李昂爸爸

第一次给孩子们上课讲的是"未来生活"，主要内容为科技发展以及科技对我们未来生活的影响。比如：镜子、桌面等本身就是触屏，除了正常的功能，还能实时看新闻、收发邮件、拨打电话等；冰箱会根据主人的饮食习惯及食物的储藏情况，及时提醒或自动订购所缺的蔬菜、水果等。

主要目的是想以此告诉孩子们，目前的科技日新月异，且对我们现在及未来生活、工作的方方面面产生翻天覆地的影响，以此培养好奇之心。好奇心是求知、探索、冒险最好与最有效的原动力。

这些比较新奇的、好玩的内容，很容易吸引孩子们的兴趣，契合了他们的好奇之心。孩子们一旦好奇，有了兴趣，就会很认真地听，教学过程就变得容易、顺畅、有意思，互动也很好，效果也不错。

第二次给孩子们上课，讲的是"家园"，这是一部由法国导演吕克·贝松监制、航空摄影大师扬·阿尔蒂斯·贝特朗指导的环保电影《家园》。

《家园》让人以从未有过的角度注视地球：从两极到喜马拉雅山，从亚马孙热带雨林到格陵兰茫茫冰原，从城市森林到戈壁沙漠……一系列波澜壮阔的自然景观让人不得不感叹造物主的完美设计，并通过地球不断演变来告诉世人：人类的存在时间仅有二十万年，却已经打破了这个存在了四千万年的地球的生态平衡。全球变暖，资源枯竭，物种灭绝：人类的过度开采已经危及自己的家园。

这部影片对我的冲击非常大，让我非常震撼！看完这部影片，我毅然决定，要给孩子们放映此影片，以此告诉孩子们：保护环境有多么重要。

但可能是播放的影片片段太长，也可能教案组织得不合孩子们胃口，部分小朋友在观看过程中不能集中注意力，场面有些"小失控"，感觉效果不是那么理想，有些小小的遗憾。

震撼大人的、大人喜欢的，可能不是孩子们喜欢的，如果方式、方法不合适，孩子们不容易接受，也就起不到我们想要的效果。

同时，这也让我意识到老师的不易，面对天性好动的孩子们，要完成教学任务，还得保证教学效果，实属不易。

老师这样说

和孩子一起成长，感受幸福

凝碧校区　四（2）班　陈燕

北京第二实验小学洛阳分校的家长讲堂已经进行两年了，家长、学生从中得到了很多，收获了很多。

学会欣赏。许多家长通过参加家长讲堂，知道学会欣赏孩子是培养孩子自信心的最佳手段。在日常生活中，父母的一个眼神、一个手势、一声赞扬，都是一种无形的力量，可以鼓舞孩子的斗志，增强孩子的信心，激发孩子的勇气。作为父母，一定不要要求太高，不要给孩子带来心理上的压力，一定要为他创设一个安全、轻松、无压抑的环境，为他搭一个台阶，使其日渐成熟，逐步建立起自信心。

学会尊重。让孩子学会尊重每一个人，无论是老师、父母还是爷爷、奶奶以及他的小伙伴。学会尊重，可以让孩子自觉规范自己的日常行为。凡是老师要求家长支持配合的事情，父母都要全力支持和配合，目的就是树立老师在孩子心目中崇高的威望。教育孩子尊重父母，最好的办法就是诚信守诺。让孩子从小遵守诺言，懂得什么是"一诺千金"。承诺的事情一定要完成，否则就不要轻易许诺。凡是能够参加家长讲堂的家长都是孩子们的榜样。

安全教育记心中

授课班级：凝碧校区　五（4）班　家长姓名：李燕　学生姓名：王博宇

家长简介：

李燕，爱好唱歌和跳舞，认为父母是孩子认识世界、获取知识的第一任老师。

授课主题：

安全教育记心中

教学过程：

一、谈话引入

同学们生活在幸福、温暖的家庭里，受到父母和家人的关心、爱护，似乎并不存在什么危险。但是，家庭生活中仍然有许多事情需要倍加注意和小心，否则很容易发生危险，酿成事故。请同学们说一说生活中需要注意的安全问题有哪些。

二、用电安全

首先出示两个案例。

随着生活水平的不断提高，生活中用电的地方也越来越多了。因此，我们有必要掌握一些基本的用电常识。

1. 认识了解电源总开关，学会在紧急情况下关断电源。

2. 不用湿手触摸电器，不用湿布擦拭电器。

3. 电器使用完毕应拔掉电源插头。

4. 使用中发现电器有冒烟、冒火花、发出焦糊的异味等情况，应立即关掉电源开关，停止使用。

5.发现有人触电要设法及时关断电源,或者用干燥的木棍等物将触电者与带电的电器分开,不要用手直接救人。

二、介绍报警须知

1.要牢记火警电话119。事发时可用任何一部电话拨打,无论欠费与否。

2.火灾地址要报详细。

出示图片提问:遇到火灾应该如何逃生?

遇到火灾:临危不乱,暗记出口。扑灭小火,不乱玩火。不贪财物,蒙鼻匍匐。火已及身,切勿乱跑。跳楼有术,虽损求生。

三、交通安全

1.行走时怎样注意交通安全?

①在道路上行走,要走人行道,没有人行道的道路,要靠路边行走。

②集体外出时,要有组织、有秩序地列队行走。

③在没有交通民警指挥的路段,要学会避让机动车辆,不与机动车辆争道抢行。

④穿越马路时,要遵守交通规则,做到"绿灯行,红灯停"。

2.交通安全:提醒学生们要特别注意交通安全,上学、放学时一定要遵守交通规则。过马路时要提高警惕,注意来往的车辆,及时消除交通隐患。

四、总结

安全无小事,只要我们处处小心,注意安全,掌握自救的知识,锻炼自护自救的能力,机智勇敢地处理各种各样情况或危险,就能健康地成长。

最后,送给大家一首安全知识歌谣。

家用电器和煤气,阅读说明再使用。

发生火灾不要慌,断电呼救第一桩。

放学回家快快回,回家晚了爸妈急。

遇上骗子多琢磨,抓住机会赶快溜。

一人在家关好门，与人说话要谨慎。

发现有人在撬门，赶快拨打110。

安全隐患时时有，注意安全处处提。

安全常识牢牢记，快乐常伴我和你！

学生新知

家长讲堂伴我成长

凝碧校区　五（4）班　常文涵

我们学校有一项课程是家长讲堂，每个星期五的下午第三节，总会有一位家长来"讲课"，内容丰富多彩。其中，令我感触最深的是常昊妈妈带来的动人故事和焦义豪姑姑讲的精彩内容。

常昊妈妈讲，常昊小时候视力就有问题，她在常昊2岁时，去全国著名的医院——北京协和医院的眼科做治疗。途中他们经历了百般挫折和磨难，但方法总比困难多，最后求医成功，做了难度非常大的手术。术后回到家，买了昂贵的治疗设备，让常昊从2岁到10岁一直坚持后续治疗，整整坚持治疗了8年。现在常昊的视力恢复了很多。

这个故事告诉了我们眼睛有多么重要，一定要保护好眼睛。常昊妈妈对孩子无微不至的爱深深地感动了我。

我也特别喜欢的是焦义豪姑姑带来的"浩瀚的宇宙"。她讲得非常清楚细致。她讲的内容有趣新颖，还有很精彩的PPT，让我们了解了宇宙里有水星、冥王星、土星、海王星……浩瀚而美丽的宇宙好奇妙啊！

> **家长热议**

感受快乐和美好

凝碧校区　五(4)班　张依莲爸爸

当我步入课堂，走上讲台，看到下面一双双明亮的大眼睛时，我的心情是激动而略有些紧张的，但孩子们渴望学习知识的心情与对问题分析感知的能力让我惊讶。

在开始阶段，我主要采用的是和同学谈话，说说自己在家里孝顺长辈的方式，是希望同学们能积极参与进来。在分享阶段，希望孩子们能在无形中感受如何孝顺父母。孩子们的表现非常好！没有一组同学出现不发言的现象，都在按照我的要求认真回答，让我感觉到孩子们是真正融入其中了。

在整个发言中，孩子们争先恐后地回答我提出的每一个问题，没有一个小朋友走神、交头接耳。在每一个同学的眼睛里，我看到了孩子们对孝心的渴望。望着那一双双明亮纯洁的眼睛，我越讲越高兴，越讲越流畅。短短的40分钟很快就结束了，我意犹未尽，其中快乐和美好的感受依然留在我的心中。

> **老师这样说**

家校合作，筑梦精彩

凝碧校区　五(4)班　牛菲菲

要教育好一个学生，不能只靠班主任一个人，要调动一切可调动的力量，形成教育合力。我校长期坚持学校工作紧密地与家长联系起来，开展多种家校活动，其中家长讲堂就是特色之一。每周五的下午3点，家长们应邀而至，给孩子们带来欢乐，带来知识。

一、有效沟通，形成合力

教师要了解学生在家庭中的表现及对待父母的态度等，以便有针对性地开展学生的思想工作。家长也想了解孩子在学校的表现，并且还想知道学校是怎样开展工作的。为了消除家长的紧张情绪，在上课前，我们通常会和家长简单地唠唠家常。区别于以往的沟通形式，这样的沟通普及性更大些，这一流畅的沟通使得学校与家庭教育更有时效性、针对性，目标要求更一致。

二、正面引导，做孩子们心中的榜样

每当自己的爸爸妈妈来上家长讲堂的时候，孩子的脸上总洋溢着骄傲的笑容。当家长因故不能来的时候，孩子的背影又是多么落寞。我们都在说家长是孩子的榜样，所以自信、乐观、积极的家长总能培养出优秀的孩子。

家校合作的目的是为了孩子的健康成长，让孩子充分享受来自老师和家长的关怀。让孩子健康成长，成为有用之才，需要家长以身作则，正面引导。

三、良好行为习惯需要我们共同努力

很多家长在上家长讲堂的时候会给我们带来积极、正面的引导，比如保护视力、爱护环境、关心留守儿童，以图片、视频等多种形式展现，公共场合更容易让学生产生共鸣，引起重视。我们班李杨毅的家长来上家长讲堂的时候，介绍了他是如何在家里教育孩子、倡导孩子们多读书、读好书的。

学校教育是培养学生良好行为习惯的主要渠道，学校严格按照《中小学生守则》和《中小学生日常行为规范》的要求对学生进行行为规范教育。然而，培养学生良好的行为习惯是一项复杂的系统工程，需要多方面连续不断地、数年如一日地努力。家庭是学生接受教育最早、时间最长的场所，家庭教育的模式适合与否，对学生能否顺利接受学校教育关系极大。因此，家庭教育和学校教育之间的一致和配合，更有利于培养学生良好的行为习惯。

四、优化教育资源，帮助孩子快乐成长

家长给我们带来的课程是多种多样的，不同于学校的常规课程。烹饪、手工、魔术等多种形式，与学生的生活联系紧密，不仅开阔了孩子们的眼界，更让孩子们对这个世界充满了好奇，为他们积极探索、努力钻研埋下了希望的种子。

急救小常识

授课班级：凝碧校区　六（1）班　家长姓名：姚景武　学生姓名：姚嘉许

家长简介：

姚景武，就职于财政局。在教育孩子方面很有见地，注重培养孩子各个方面的能力，积极配合学校工作，是一个有爱、会爱的好爸爸。

授课主题：

急救小常识

教学过程：

无论在日常生活中，还是在学校集体生活里，意外伤害很难避免，有时也难以预料。如果不及时医治或者操作不当的话，很可能会对自身或者他人的身体造成伤害甚至导致死亡，所以掌握一些急救常识是非常必要的。下面就简单介绍一下遇到小意外的处理方法，希望对大家有所帮助。

一、眼睛里不慎进了异物

眼睛是我们最娇嫩的器官，容不得任何异物。一有异物人就会很自然地用手去揉，同时感觉到眨眼时会很刺痛，还会流眼泪，甚至不敢睁开眼，但此时此刻不及时清除异物，就会引起炎症、溃烂甚至失明。

正确处理：异物入眼时，最忌讳使劲揉搓眼睛，或用干的纸巾、毛巾擦拭眼睛。先冷静下来，慢慢睁开眼睛，如果进入的部位较浅，异物可能会随着眼泪流出来。如果没有流出来，就让别人帮忙轻轻地翻开眼皮，仔细检查眼白（球结膜）、下眼睑和角膜。

如异物在眼皮或眼白部位，可用纸巾蘸少许水轻轻擦去。如果在家中，最好用棉签蘸少许抗生素类眼药水擦去异物。擦去异物后，闭目休息，尽快消除眼睛不适之感。如异物在上眼睑内、角膜处，则需要专业人员操作，及时送医院处理。

二、鱼骨卡喉

鱼骨卡住喉咙时，病人会感到喉咙处有很尖锐的刺痛，一吞咽口水就会痛得更强烈。

正确做法：应立即停止继续进食，张大嘴发"啊"的声音，让别人借助光线或手电筒，看清鱼骨所在部位，再用镊子夹出。若未发现鱼骨，应去医院就诊。鱼骨取出后，在短时间内仍然会有咽喉部异物感，这是局部黏膜擦伤的缘故，不必在意。

错误的做法：不少人喜欢采用吞咽大的干饭团、青菜的方法来对付鱼骨卡喉。该方法可能把小的鱼骨带下去，但对稍大一些的鱼骨则无效，有时反而会因挤压而使之刺得更深。还有些人认为，一旦鱼骨卡喉，可少量多次吞服食用醋使鱼骨溶解。其实，食醋在咽喉部停留的时间很短，根本不可能溶解鱼骨。

三、小飞虫钻进了耳道

小飞虫突然钻进耳道后，人通常会用手指或其他东西迫切地去掏它出来，但是这种做法会导致小飞虫越钻越深，万一钻破鼓膜，就可引起听力下降，伤害更大。

正确的做法：到黑暗的地方，用亮光照着耳道，利用昆虫的趋光性，用光引出飞虫。也可以在耳道内滴几滴橄榄油或烹调油，使飞虫的翅膀浸湿而无法张开，再用手电筒照射将小虫引出来。如不行就用耳勺或干净的小镊子把异物夹出来。若上述方法无效，切不可鲁莽强取，以免伤及耳道和鼓膜，特别是已经出现耳痛症状，应赶快去医院耳科进行处理。

四、鼻出血

正确的做法：用手指捏住一侧或两侧鼻翼4～8分钟，或用冷水毛巾外敷前额部及鼻根部，也可以用浸了冰水的棉球填塞鼻腔压迫止血，还可把一只或两只手举高过头部。记住捏住一侧或两侧鼻翼时要叫病人张口呼吸。如果以上这些方法仍不能止血，应立即去医院就诊。

注意：应确保自己能将塞进去的棉球取出，因此不要填塞过深。

30分钟到60分钟应将填塞鼻孔的棉球取出，取出前最好将棉球湿润，可以往鼻子里涂一些油膏，以防鼻腔过干或更多地出血。

学生新知

心灵的桥梁

凝碧校区　六（1）班　刘子钰

伴着欢声笑语，每一期家长讲堂都新颖有趣，教室里其乐融融。这愈发精彩的课堂，这愈发动人的课堂不正印证了我校教育理念——以爱育爱，爱育精彩吗？

和蔼可亲的家长与天真活泼的孩子进行互动，让家长与孩子拉近距离，更多角度地了解孩子，亲近孩子，岂不乐哉？望着眼前天真可爱的孩子，听着他们在家长讲堂的笑声，可能会勾起家长内心的童年回忆吧，因为家长们脸上由衷的笑容，说明了一切。

家长讲堂，是两颗心灵相通的桥梁！

家长热议

陪孩子共同成长，了解装修的知识

凝碧校区　六（1）班　李昕冉妈妈

学校的家长讲堂已经开始第二轮啦。第一轮，我给孩子们制作了精美的糕点，给孩子们送去了美味。在这一期的家长讲堂上，我给孩子们讲点儿什么呢？我就请了一名设计师，协助我一起给大家讲一讲有关装修方面的知识。

装修与我们每个人的生活都是密切相关的，但大多数人对之了解不多。并且，通常我们只注重效果，而忽略了装修的危害，所以我就着重讲了气体污染对人体的伤害和治理的办法。

通过这次家长讲堂，我意识到装修不一定要做复杂，但是材料一定要环保。特别是家具等含胶量大的物体，一定要慎重。我想传达给孩子们的是：要有环保意识，健康快乐地成长。

❖ 老师这样说 ❖

别样的旅行

凝碧校区　六（1）班　刘英

周五下午社团课结束后我来到教室，看到郭跃轩爸爸正满头大汗地在为即将开始的上课忙碌着。有几个热心的孩子围着电脑一边交流着一边操作着，其余孩子有的端坐在位子上期待家长讲堂的开始，有的围在一块儿热烈地谈论着这次课的话题。

正式开始上课了，短短40分钟里，孩子们跟随郭跃轩爸爸这个尽职尽责的导游大开眼界。

当孩子们"来到"俄罗斯，他们参观了古老的广场——红场、普京的办公地克里姆林宫、俄罗斯大学及冬宫。当郭跃轩爸爸讲到俄罗斯大学在世界大学中的排名时，我听到一个孩子小声自言自语道："我长大去那儿留学。"

第二站孩子们到意大利"旅行"。欣赏着一张张有代表性的美丽图片，孩子们大饱眼福。提到罗马斗兽场，男孩子很是兴奋。当许愿池、西班牙大台阶美丽的景色展现在眼前时，我和孩子们被深深吸引了。美丽是真的没有国界之分的！

很快，我们"到达"第三个国家——梵蒂冈。在这个国中国里参观了圣彼得大教堂。在参观的过程中，我们简单了解了一些关于宗教信仰方面的知识。

最后，孩子们"来到"美国，当他们看到好莱坞、米老鼠、蜘蛛侠、时代广场时，有好多话想要表达出来与别人分享，所以在"旅途"即将结束时孩子们的内心也无法平静。

在这个关键时刻，机智的郭跃轩大方地走上讲台，说："我来问大家几个问题。"这几个问题犹如春雨般及时，让大家有一吐为快之感。

陪孩子们一起"旅行"，我相信孩子们和我的感受有很多相同之处。那个时刻的他们我最懂，他们有话要说。

"我长大要出国，看看外面的世界。"胡溟一认真地说。

"我长大去国外学本领，让我们国家变得比其他国家都好，让他们都羡慕中国。"丁宁振振有词。

…………

玩转手工

神奇的莫比乌斯带

授课班级：美茵校区　三（1）班　家长姓名：司马会鸽　学生姓名：梁艺天

家长简介：

司马会鸽，洛阳市洛龙区北京第二实验小学洛阳分校数学教师，中小学一级教师，获得多项荣誉称号。

授课主题：

莫比乌斯带

教学过程：

一、创设情境，质疑自探

同学们，知道我们今天要研究什么内容吗？（通过观察大屏幕，学生知道今天要学习神奇的莫比乌斯带）看过这个题目，你想到了什么？让我们带着这些问题，一起走进今天的课堂学习"神奇的莫比乌斯带"。（板书课题）

二、分组学习，合作交流

1. 请同学们取出纸条。你发现了什么？

2. 你能把它变成两条边吗？请同学们试一试。（引导学生动手实践）

做成一个普通纸圈，引导学生观察得出结论。

3. 你能把它变成1个面吗？

出示制作方法：先做一个普通的纸圈，然后将一端翻转180°，再用胶带粘牢。请同学们按照老师演示的方法做一个这样的纸圈。（小组合作，互相帮助）

4. 这样一个纸圈真的是一条边、一个面吗？我们一起来检验吧！拿出一支水彩笔，在纸圈的中间画一条线，看看它是不是一个面。

5. 你们知道这样的一个纸圈叫什么名字吗？它是德国数学家莫比乌斯1858年偶然间发现的，所以就以他的名字命名为"莫比乌斯带"。也有人叫它"莫比乌斯圈"，还有人管它叫"怪圈"。

三、研究莫比乌斯带

1. 1/2 剪莫比乌斯带

我们的魔术还可以往下做，怎么做呢？刚才你不是在这个纸圈中间画了一条线吗？想一想，如果我们沿着中间这条线把这个纸圈剪开的话，会怎样呢？

①现在，老师拿出莫比乌斯带，我们也用剪刀沿中线剪开这个莫比乌斯纸圈，同学们猜一猜它会变成什么样子。（启发学生想象力）

②请同学们自己动手验证一下。

③验证结果：变成了一个更大的圈。

你们说神奇吗？大家还想不想继续感受这个纸圈的神奇？

2. 1/3 剪莫比乌斯带

①请同学们拿出黄色纸条，再做一个莫比乌斯带。

②如果我们沿着三等分线剪，猜一猜：要剪几次？剪的结果会是怎样呢？小组内交流一下。

③学生动手操作，同桌合作帮助。

④验证结果：一个大圈套着一个小圈。

⑤问题：这个小圈和大圈是莫比乌斯带吗？请用刚才的方法证明一下。

3. 其他剪法

从中间和从三等分线剪莫比乌斯带得到的结果是不一样的。那你们还想怎样剪？结果会怎样呢？在小组内说说看。

（教师引导学生说出自己的想法）同学们的想法真好，课后同学们去实践一下，看看是不是你们猜想的结果。

四、生活中的应用

莫比乌斯带不仅好玩有趣,而且还被应用到生活的方方面面。请欣赏图片。

1. 过山车:有些过山车的跑道采用的就是莫比乌斯原理。

2. 莫比乌斯爬梯。

3. 哈萨克斯坦新国家图书馆。

五、课堂拓展

课后,有兴趣的同学可以和爸爸妈妈一起去看专门研究莫比乌斯带的书——《拓扑学》。

学生新知

一件令我感动的事

美茵校区　三(1)班　陶昱名

还记得我们亲手做实验的家长讲堂吗?那是我妈妈带来无限乐趣的一次家长讲堂。

那一次,我们做的是变色实验,需要很多实验材料,有杯子、瓶子、醋、水等,最离不开的是紫包菜汁。前一天晚上,妈妈去超市买了一个又大又圆的紫包菜。她先把包菜切碎,放在开水里泡了泡,接着把紫包菜汁倒进一个杯子里,但是包菜汁不够浓。妈妈为了让包菜汁更浓一些,就把紫包菜片放在一块布里,使劲地拧呀拧,妈妈的手都肿了。看到她红肿的双手,我心里像被针扎了一下,别提多难受了。

第二天,妈妈带来了各种各样的实验材料,我们的家长讲堂很成功,同学们都很快乐。但是,我心里很清楚,妈妈为了这次家长讲堂付出太多了,让我十分感动。我今后一定要好好学习,回报妈妈对我的爱。

家长热议

"硬赶鸭子上架"之华丽转身

美茵校区　三年级（1）班　王璟璇爸爸

我第一次参加家长讲堂时，主题换了又换，PPT课件更是改了又改，小礼物也是精挑细选。心里一直忐忑不安：讲堂主题孩子们不感兴趣咋办？内容太高深，孩子们听得一头雾水咋办？提问题孩子们不举手咋办？后来，上课效果还不错。

也许是第一次家长讲堂的成功，对于第二次讲堂，我心里竟有那么一丝丝的期待。有一天，我看到英文版《Nature is Speaking — Mother Nature》（《大自然在说话——大自然母亲》）这部公益电影："有人称我为大自然，也有人叫我大自然母亲。我已经度过了45亿年，是你们人类存在时间的22500倍。我并不需要人类，人类却离不开我。是的，你们的未来取决于我……"我被电影的画面和文字深深地震撼了，内心不可遏制地要把这部电影分享给同学们，和他们一起感受这心灵的触动，让环境保护的种子生根发芽。上网站查资料、下载中文版"大自然在说话"系列公益电影，编写讲堂文字部分，精心准备PPT课件，让闺女先睹为快提提意见，再次修改……西装革履、踌躇满志地走向那三尺讲台。看到同学们观看电影那专注的神情，踊跃回答问题的场面以及那意犹未尽的感觉，我感到，值了！

我珍惜每一次和同学们在家长讲堂上共同开阔视野的机会，期待明年拥有同样的机会和同学们沟通和互动！

自制洗发水

授课班级：凝碧校区 三（3）班　**家长姓名**：曹小涛　**学生姓名**：曹硕轩

家长简介：

曹小涛，风趣幽默，热情大方，积极参加学校各项活动，所上的家长讲堂深受同学喜欢。

授课主题：

自制洗发水

教学过程：

一、自我介绍

二、了解各种各样的洗发水

三、介绍洗发水的主要成分

四、制作洗发水

1. 分发材料：量杯、喷壶、水；

2. 往水里加入洗发水活性剂；

3. 加入香精；

4. 加入增稠剂搅拌；

5. 加入色素。

五、展示自己的作品

六、小发明，大智慧

科技的发展改变了人们的生活。

七、总结

希望同学们从小好好学习，掌握科学文化知识，长大了用知识改变我们的生活，让世界更美丽，生活更幸福。

学生新知

好玩的家长讲堂

凝碧校区　三（3）班　范怡晴

我的妈妈总爱唠叨我，说我不够大方，胆小懦弱，其实我的心里是不服气的：你以为当着那么多人的面讲话是很容易的吗？刚好学校让我们的家长来参加家长讲堂，我就自作主张给妈妈报了名。

当我把这个消息告诉妈妈的时候，妈妈惊讶得说不出话，我能看出她很紧张，又故意不表现给我看。

接下来的日子，妈妈每天晚上都坐在电脑前搜集资料，还时不时问我："你喜欢哪位老师的课？你喜欢哪位家长的家长讲堂？"

终于轮到妈妈上家长讲堂了，周五下午社团课后一回到教室，我就看到了妈妈："天哪，这还是我妈妈吗？这也忒漂亮了吧！"

妈妈给我们带来了一些故事，这些故事我都没有听过，同学们也听得津津有味，大家都用崇拜的眼神看着妈妈。她像老师一样大方，讲故事都快赶上宋老师了。

最后妈妈又对全班同学说："晴晴是非常内向的女孩，因为她比别的孩子小一些，所以在外人面前总是说话声音很小。今天的这个家长讲堂我就是想让同学们明白：只要准备充分，用心做事，敢于展示自己，每个人都很优秀。"

听到妈妈这样说，我的眼眶有些湿润，我心里暗暗发誓：以后我也要自信起来，做阳光的女孩，把自己优秀的地方展现在同学和老师面前。

家长热议

一起前行

凝碧校区　三（3）班　霍璐瑶妈妈

教育这件事儿乍一看似乎是学校的责任，事实上，家庭对学生的影响更大，毕竟与学生关系最为亲密的是父母。所以教育需要学校、家庭、学生三方紧密配合，良性互动。而家长讲堂就能进一步增进学校与家长之间的联系，每周五上完家长讲堂回来，孩子总是兴奋地跟我们说起：学会做月饼了，学会做洗手液了，又学到了关于牙齿、关于安全方面的知识了。这也从侧面让我感受了家长讲堂的魅力。

家长讲堂拓宽了孩子的知识面，增强了教育效果。而参与其中就会明白学校的良苦用心，作为家长，我希望用心陪伴孩子，借助学校给我们家长提供的机会，和孩子一起成长，和学校一起前行！

老师这样说

家长讲堂，助力起航

凝碧校区　三（3）班　李曼

我校开展家长讲堂已有几年时间了，这么做是为了充分挖掘家长的教育资源，调动家长参与班集体建设的主动性，形成家校教育合力。

环保、安全、科技、艺术、法制、民俗、军事……家长讲堂丰富的内容，大大提高了学生的学习兴趣。家长中真是藏龙卧虎，能人不少。每一次活动家长都会带来用具及小奖品，孩子们乐在其中。

家长的社会职业、生活阅历与自身专长是一笔丰富的教育资源，是对学校教育资源的有效补充，是每一位学生身边最宝贵的资源。另外，家长们讲课内容丰富，形式多样，不拘一格，令学生耳目一新。他们以独特的视角，把对社会和科学知识的理解带进课堂，和孩子们共同分享，拓宽了孩子们的视野。

家长榜样可以激活孩子的正能量。家长们备课、上课的认真劲儿，令很多孩子有所触动：我发现孩子学习更加努力了，回家还当起了家长的小老师，把学校里学到的知识讲给家长听。课堂上也更加积极，回答问题自信、有冲劲儿了。在家长讲堂里，家长的榜样作用被放大，孩子们感受到了家长的爱，并由此心生自豪感，努力上进、追求卓越的内心需求被激发出来。

目前，我校非常重视对家长资源的开发利用。家长讲堂既丰富了学校的课程，也让学生获取了更多的知识；不仅搭建起家校联系的平台，还加深了家长对教师工作的了解，对更好地实现家校合作大有裨益。

为心中架起彩虹

授课班级：凝碧校区　三（5）班　家长姓名：远豆　学生姓名：孙佳音

家长简介：

她是优秀的家长，她是孩子的第一任老师，教会了孩子无数的知识、做人的道理，更是学校工作的坚强后盾。

授课主题：

为心中架起彩虹

教学过程：

一、谈话导入

1. 自我介绍，赞美学生。

2. 展示小礼物，课件出示课题及关卡。

二、授新知

同学们如果想得到这些礼物，必须闯过老师设计的三道关卡，有信心吗？

1. 课件出示课题及第一关"火眼金睛"。（课件出示彩泥制品）

请同学们用你们的火眼金睛仔细观察，并一齐大声说出它是什么制品。

2. 课件出示课题第二关"能说会道"。

教师示范制作彩泥制品（辣椒），并介绍步骤（先将红色彩泥搓成一头尖一头圆的长条，再用绿色彩泥捏出辣椒柄，最后将辣椒柄粘在辣椒圆的那头，一个活灵活现的红辣椒就出来了）。

教师再示范制作辣椒、小红花，学生说出步骤，教师可作适当补充。

3. 课件出示课题第三关"如来神掌"。

师：接下来就是最激动人心的时刻了，在闯最后一道关之前，我们先来放松一下，学一首歌谣，运动一下我们的小手指。

（课件出示歌谣）

请同学们站起来，伸出你们的双手跟老师一起来边唱边做。有了这双灵活的小手，相信你们一定能顺利闯过第三关，制作出优秀的作品来。有信心做到吗？

请小组合作，动手实践，用彩泥去表现生活中的事物。（教师重点辅导）

三、展示评比

学生将作品放在各自的桌上，然后到别组自由参观，集体选出较优秀的作品，请作者上台展示并介绍制作步骤。

四、课堂总结

1. 指名学生说收获。

2. 师总结。

学生新知

"军人"的体验

凝碧校区 三(5)班 占晓航

虽然有许多家长给我们上过家长讲堂，不过让我最难忘的是李雨凝爸爸上的那次。

李雨凝爸爸告诉我们他原来是个军人，在太阳下站军姿是家常便饭，每次训练衣服都被汗水湿透了；被子要叠成豆腐块；帽子、衣服等不穿的话要叠得整整齐齐，有棱有角地放在被子上。

到了发礼物的时间，哇！子弹壳！李雨凝爸爸自豪地说："在市场上买的都是假的，只有部队上射击掉的子弹才是真的！"

感谢李雨凝爸爸和我们分享了他在部队的生活体验，我要珍惜现在的大好时光，成为一个有用的人。

家长热议

架起沟通的桥梁

凝碧校区　三(5)班　张嘉乐爸爸

我上的家长讲堂，希望能达到以下目标：

1. 让孩子逐步懂得如何保护自己，比如遇到坏人怎么办，迷路了怎么办，失火了怎么办。

2. 教孩子一些生活常识，比如交通标识、匪警电话110、急救电话120、火警电话119等。

3. 及时纠正孩子的一些不良行为。对于孩子来说，很多时候不知道什么是不良行为，甚至骂人的话也不知道是在骂人，反而觉得比较好玩；再比如在公共场所大声喧哗，有些孩子会认为既然是公共场所，干什么事情都可以，殊不知他的行为已经影响到了他人，这时可以引导孩子换位思考。总之，对孩子的一些日常行为要及时加以引导。

4. 多鼓励孩子，跟孩子互动。比如安排父母跟孩子一起做手工，通过这个活动，孩子会有一种成就感，感觉到自己很不错。

老师这样说

不一样的课堂

凝碧校区　三(5)班　翟桂君

家长讲堂系列活动是我校的特色活动之一，家长可以通过多种方式使孩子开阔视野、增长见识，更好地为学生成长提供优质高效的教育资源。这种别具特色的课堂模式，构筑了学校、家长和孩子三方互动的平台，完善了学校、家庭、社会三位一体的教育体系，丰富了学校的课程资源，创新了教育形式，充分挖掘家校合作的巨大潜力，有利于三方形成教育合力，促进学生全面发展。

家长讲堂涉及多个角度，家长们大多结合自身职业特点、兴趣爱好、日常生活中的实践，来提高学生各方面的知识。例如，饮料是如何勾兑的，什么饮料都没有白开水好。

这种家长参与学校教学、学生喜欢听的授课方式，使学生不出校园就能聆听各行各业"老师"的教导，受到了全校学生的一致欢迎，也使老师受益匪浅。

感谢家长对我们老师教育工作的支持与肯定，希望家长朋友们能一如既往地支持我们的工作。我们会秉持努力、认真、负责的工作态度，更加关心我们的孩子，同时也愿他们像一群小鸟一样在这里自由翱翔。

水果拼盘

授课班级：凝碧校区　三（6）班　**家长姓名：**贾卫华　**学生姓名：**刘千一

家长简介：

贾卫华，认真做好每件事，和邻居和睦相处，乐于帮人，努力让孩子从小就养成正直、友善、勤奋上进的良好作风。

授课主题：

水果拼盘

教学过程：

一、介绍水果对人身体的重要性

二、介绍水果的营养成分和功能

三、家长切水果，并分发到每个小组

四、学生开始制作水果拼盘

五、欣赏自己小组及其他小组制作的水果拼盘

六、享用水果

画葡萄

授课班级：凝碧校区　四（1）班　家长姓名：袁从谦　学生姓名：袁佳音

家长简介：

袁从谦是一名美术教师，喜欢绘画、摄影。他的教育理念是：让孩子做一个幸福的有智慧的人。

授课主题：

油画课——葡萄

教学过程：

一、观看 PPT，导入课程

引导孩子们观察葡萄的颜色和生长方式。学会观察是一个人的基本素养，也是孩子们学好文化课的重要素质。

二、介绍油画材料的特点和每样工具的使用方法

三、分组开始进行创作

四、美术课代表和班长先上讲台进行背景颜色的铺设

五、学生排队上来画葡萄，每个学生画一个，注意葡萄颜色的改变和疏密关系

六、等每个孩子都画过一遍后，请两位班主任老师画葡萄叶子，其寓意是老师是绿叶，叶子为葡萄提供营养，让葡萄茁壮成长

> 学生新知

妙趣横生的课堂

凝碧校区　四（1）班　陈妹瑜

在每个星期五的下午，有一节我们所有同学都期待的课，那就是——家长讲堂。

家长们的讲课内容多样，丰富多彩。有的是疯狂猜谜语，有的是数字游戏，有的是普及安全常识，有的是做小制作，还有的是教画画……家长们总会为我们带来一些新颖的东西，让我们了解更多的知识，真让我们大开眼界。

这些课程中，给我印象最深的是邓迪少妈妈带来的家长讲堂。她给我们介绍了可爱的拉布拉多犬，讲了它一些神奇的经历。我以前总是觉得狗狗会咬人，还会汪汪乱叫。在这次课上，我发现狗狗其实非常可爱，你对它好，它就会对你好，而且非常忠诚于它的主人。狗狗不仅是一种动物、一个生命，更是人类最友善的朋友。

因为上了这节课，我喜欢上了狗狗，然后就有了现在我身边这只可爱的小狗狗——Happy。现在，Happy已经成了我们家重要的成员，给我的生活增添了许多明亮的色彩。

家长讲堂不仅可以给我们带来乐趣，还可以给我们带来许多新的知识，改变我们一些错误的看法。让我们了解到这个社会是多姿多彩的，让我们对未来的生活也充满了期待。我迫不及待地想快快长大，自己去探索世界上更多有意义的事情。

家长热议

精彩的瞬间

凝碧校区 四（1）班 范新宇妈妈

北京第二实验小学洛阳分校推出了一个创新举措——家长讲堂活动。每周五下午由学生家长为孩子们讲一些生活中的知识。孩子们对家长讲堂很感兴趣，每到周五都急切地渴盼着家长能带给他们新知识。

至今我还记得一年前的那个周五，轮到我给孩子们讲了，我带着惶恐的心情走进教室。尽管在家已反复练习多次，但面对孩子们一双双渴求知识而又纯真的眼睛，我的心还是忍不住怦怦地跳得厉害。在极忐忑的心情中，我为孩子们介绍了我们中国人为之骄傲的长城。长城始建于春秋战国时期，连续不断修筑了2000多年，是一个完整的防御系统，用于抵抗来自北方的侵略。它是世界上伟大的古代建筑奇迹之一，于1987年被列入世界文化遗产。

我是边放图片边介绍，一堂课下来，感觉也没有说多少，却讲得口干舌燥，再加上紧张，身上都冒汗了。此时，我深刻地体会到老师的不易，每天要面对50多个性格不同、爱好不同、生活习惯不同、家庭环境不同的孩子，给他们输送新的知识，给他们讲解做人的道理，使他们在德、智、体各方面得到全面发展。

"你们的快乐就是我的快乐！愿你们在成长的过程中，拥有快乐，拥有幸福，愿你们实现理想，创造梦想。相信自己，你们是最棒的！"张校长的话语时时在我耳边回荡。愿家长讲堂长久继续下去，愿大爱伴随孩子们健康成长！

开阔视野，增长见识

凝碧校区　四（1）班　周大卫爸爸

　　我作为一名家长最初参加家长讲堂时，内心很是忐忑。工作很多年，写过年终总结、工作报告，却没给孩子们上过课。短短的课堂教学时间怎么安排才能让内容充分又吸引孩子，这着实让我费了一番脑筋，也理解了老师在给孩子们上课时的不易。

　　当我走进课堂，看到孩子们一张张热情的笑脸，心里的紧张感逐渐消除了。在课堂上，我将本行业的电信知识慢慢地讲给孩子们听，我讲到贝尔发明电话，讲到声音通过电话传播的理论，这些行业内最基本的知识，孩子们听得津津有味，也提出了很多问题。我意识到家长走进课堂，给孩子带来了自己擅长的知识，确实让孩子们拓宽了视野，收获到课外的知识。而除我之外，家长们来自各行各业，每位家长都能走进课堂，带来自己的行业知识，或者是自己的见识、自己的经验、自己的见闻，一定会开阔孩子的眼界，增长孩子的见识。

　　唯一遗憾的是，由于缺少教学经验，我在给孩子们讲述的过程中只是使用了惯用的PPT，没有带去电话、电线这样的实物，没能让孩子们更接近实践，更了解行业。我也有一个想法，家长走进课堂无疑带来了诸多好处，是否也可以让孩子走进行业，去了解行业知识，去体验工作的辛苦、劳动的收获？这样也能让孩子更早地培养工作兴趣，热爱劳动。从家长走进课堂到学生走出校园，走进行业，或许正是我们努力的方向。

> 老师这样说

立足家长讲堂，共育精彩学生

凝碧校区　四（1）班　周培培

自从来到北京第二实验小学洛阳分校，我校举行的家长讲堂活动使我感受到了一种新鲜的空气，我从以下两个方面来谈一谈感悟。

一、教师放手，家校联系更紧密

教育不是单一的学校行为，它需要学校、家庭、社会三方面合力而为，但是一段时间以来，家长与学校的沟通交流少，而我校开展的家长讲堂活动，把老师从讲台上请下来，给家长一种信任，让家长走进课堂，自由引领平日的课堂，不仅开发了身边的教学资源，还能满足学生的多种兴趣和需求。

家长们走上讲台能体会教师的辛苦，对教师工作有进一步的理解。家长在家长讲堂结束后会和老师交流自己的感悟，更加体会到要多配合班级的各项事务，这对增强家校联系，有很大的帮助。

二、学生欢迎，积极活动热情高

为了能让学生扩大眼界，让社会与学校接轨，我校充分利用家长资源，把家长请进课堂，让他们做老师。有一个学生的妈妈是一名小学语文教师，就带来了"快乐猜成语"这个内容，听课的孩子们兴趣高涨，积极参与，整个课堂都是欢乐的海洋；也有家长带来有关运动安全方面的知识，让学生的安全意识有所提高；还有家长介绍国家的发展状况，让学生从小树立远大的理想……孩子在好奇中学到许多课堂上学不到的知识，学习兴趣得到激发。

看着一个又一个的家长走上讲台，观察着班里学生对课堂的反应，我也有一些思考。家长讲堂内容的选择要根据实际情况，以开阔学生的眼界为主，家长可以多从自身的专业性出发进行选择。对于讲课的内容，老师要提前把关。家长的授课形式方面，要避免一味地说教，老师可以和家长进行交流，鼓励采取聊天的授课形式，拉近学生和家长的距离。

我会做飞镖了

授课班级：凝碧校区　四（3）班　家长姓名：李花洁　学生姓名：刘美汐

家长简介：

　　李花洁擅长和别人交流，还喜欢带孩子旅游。她经常说："读万卷书不如行万里路。"

授课主题：

　　做飞镖

教学过程：

　　一、向孩子们做自我介绍

　　二、给孩子们每人发两张彩色折纸

可以是单色也可以是多色，颜色自由选择。

　　三、示范飞镖的折叠方法

　　四、讲解并示范飞镖的组合方法

　　五、成品飞镖的展示

　　六、课堂总结

　　本节课孩子们都很积极，课堂气氛也很活跃，孩子们从自己的动手制作中体会到了更多的乐趣，也提高了自信心。大部分孩子的动手能力很强，也有很强的独立性。

> 学生新知

播种理想

凝碧校区　四（3）班　安泽辰

我们学校为了全面提高我们的素养，特意推出了家长讲堂活动。如今已办很多期，比如司马博言妈妈讲的"五月的节日"、李佳伊爸爸讲的"茶之道"等，但最让我记忆犹新的还是那个星期五的下午……

我满头大汗地冲到教室里，看到一位漂亮的姐姐，一直向同学们微笑，打招呼，而且举止也很有礼貌。"大家好！我是孟缘的姐姐。今天我给大家讲的是'理想'。我实现了自己的理想，从事着自己喜欢的职业，大家想知道我的职业吗？"全班同学异口同声地说："想！""我的职业是空姐。"怪不得呢，我说她的举止怎么那么优雅大方。漂亮姐姐继续说："我从小就活泼好动，又因为我长得比别的小朋友高，所以我的理想就有两个，一个是当导游，一个是当空姐。因为导游可以直接到名胜古迹去玩，空姐可以在天上飞来飞去玩。一个偶然的机会，我参加了空姐的训练，在训练期间，我每天练习微笑、鞠躬及其他动作。就这样经过刻苦的训练，我终于如愿以偿地当上了空姐。""而且我还有个哥哥。"漂亮姐姐故作神秘地说，"他从小很爱打篮球，每天都跟同学们打，于是他就想成为一名篮球运动员。他也很努力，每天坚持训练。最后他当上了篮球运动员，还代表洛阳参加过比赛呢！"

最后，漂亮姐姐说："希望你们也能通过自己的努力实现自己的理想。"

家长讲堂结束了，但是我从漂亮姐姐的身上，获得了实现理想的力量。列夫·托尔斯泰也说过：理想是指路明灯，没有理想，就没有坚定的方向，没有方向，就没有生活。我有个做电脑软件设计师的理想，我要在心田里种下这颗理想的种子，我要用汗水浇灌它，用行动去照料它，让它在我的心田开出一朵美丽的理想之花!

家长热议

家长讲堂促进学校、家长、孩子共成长

凝碧校区　四(3)班　刘欣语家长

近年,北京第二实验小学洛阳分校组织的家长讲堂系列活动,真是有声有色,深受广大师生和家长的欢迎。作为一名四年级学生的家长,我有幸受邀,走上了神圣的三尺讲台给孩子们授课,足足过了一把教师瘾。

北京第二实验小学洛阳分校各个班级每学期都会编排家长讲堂名单,指明本班家长具体的讲课日期。这张"节目单"既提醒家长合理地安排时间来"备课",又保证了家长讲堂活动有条不紊地进行,使该活动形成了本校的优良传统。

根据"节目单"安排的日期,我提前一周开始安排讲课的调休时间,同时开始进行内容选材。孩子的数学书上有"三视图"的教学内容,我就用专业软件做了一组可旋转的彩色小方块,又到公司仓库领了一个气动手指和一个机械臂。素材、教具都选好了,可讲什么主题呢?机械制图太枯燥,研发流程他们可能听不懂,我的教学对象只是一群小学生啊。我经过一番思考,感觉以"工作"为题,谈一谈工作的意义,结合实际工作,演示一下彩色小方块的"三视图"动画,再展示一下公司产品,这样泛泛地讲一讲,或许孩子们能够听懂,还可以扩大学生的知识面。

这次备课经历,使我想到长期奋战在教育第一线的老师们,为了给孩子们准备好每个精彩课件,他们该有多辛苦啊!

北京第二实验小学洛阳分校开展的家长讲堂系列活动,重在参与,加强了家校沟通与融合,非常有利于孩子的成长,期待更多家长积极参与!

> 老师这样说

家校沟通助成长

凝碧校区 四（3）班 孙凌莉

我始终认为教育孩子是一门深奥的学问，而且仁者见仁智者见智，一百位家长大概就有一百种教育孩子的观点和方法，即使是夫妻双方也常常因为如何教育孩子而产生严重的分歧。偏偏这些方法和观点没有优劣高下之分，或严厉或温和或苛刻或放任的方法之下，都有可能培养出优秀的孩子。因此，我常常会为如何才能博采众长，找到最适宜培养班级孩子的好方法而感到困惑和焦虑。北京第二实验小学洛阳分校创办的优秀家长讲堂无疑为教师和学生提供了一个非常难得的与优秀家长交流的平台。

上台讲课的是白林灏家长，他是一位优秀的中学教师，双重的身份使得这位"父亲老师"能够十分客观地站在家长、教师、孩子的角度为学生上课。简明的 PPT 提纲挈领地突出了演讲的主题和清晰的思路，生动的事例和幽默的语言很快抓住了学生的注意力。怎样培养孩子的好习惯，如何看待奥数、英语及其他特长的培养，对于小升初的学生哪些知识和能力是必须要提前打好基础的……充分的准备和丰富的从教经验使得这位家长能够面对学生和老师从容地侃侃而谈，清晰而诚恳地和学生交流他的一些宝贵的育儿经验。可以说，他的每一个话题都是学生所关心的，同时也是大家备感纠结又苦于没有正确答案的问题。而他的认知和提出的解决办法，无疑给孩子们提供了一个极有价值的参照。例如：对于课外辅导班的态度，强调孩子要从小养成认真的好习惯，对于不同性格、不同智商甚至不同性别的孩子都要因材施教等观点，都让我十分认同；对小升初必须要掌握的知识和能力，我还没来得及细考虑，但听讲之后深受启发；对于四年级的孩子，面临一个教育的重要机遇期的观点，也让我突然萌生了一种紧迫感。

巧手剪窗花

授课班级：美茵校区　五（2）班　家长姓名：谷芳芳　学生姓名：谷一珂

家长简介：

谷芳芳，一个非常年轻的妈妈，对于孩子的教育一直在不断学习。

授课主题：

剪窗花

教学过程：

一、欣赏范例

二、家长示范操作

三、学生看步骤图

四、学生操作

家长个别指导，剪好后将纸打开展示。

五、教学总结

进行民间艺术熏陶，激发学生对我国民间艺术的热爱。让学生自己发现、自己探究，发挥主体性，注重主体性。本课教学中我注重活动性，使学生在自主研究的活动中，了解折纸方法。注重差异性，让基础好的学生进行创作，一般学生可模仿。

> 学生新知

做个小小理财家

美茵校区　五（2）班　马梓雯

今天下午，阳光明媚，我们又迎来了大家期盼的家长讲堂。今天来给我们讲课的是梁菁的家长。

梁菁的家长讲堂就像关公赴宴——直奔主题。"请问同学们知道世界上分别有哪些钱吗？"好多双手不约而同地举了起来，梁菁的家长叫了我们班一个同学来回答："有英镑、美元、新币、人民币。""这位同学真棒！"梁菁家长那极富活力的语言似乎感染了我们班的同学，同学们都听得非常专注。"今天我们就来学习我们国家的人民币。人民币在此之前一共有五套，同学们，请大家看以下几张人民币的图片。"几十双眼睛看向大屏幕，同学们叽叽喳喳地说起来了，有的说"我们家有第二套人民币"，有的说"我们家还有粮票呢"！

梁菁家长又对我们说："同学们，我们认识了人民币，可是你们知道怎么理财吗？"同学们都纷纷摇头。"同学们，我们平时在花钱的同时，还要学会如何去理财。理财就是要合理地分配和管理自己的钱财。"

通过这次家长讲堂，我打算将我的压岁钱合理分配一下：先拿一小部分给爸爸妈妈买生日礼物；再拿一部分买卷子、书及一些文具；再留一小部分买零食；剩下的存进银行。同学们，你们打算怎么合理分配自己的压岁钱呢？

家长热议

一切为了孩子

美茵校区　五（2）班　霍姿孺妈妈

我很荣幸地成为一名为学生讲课的家长，现在谈谈我对本次活动的切身体会。

当我步入课堂，走上讲台的时候，我的心情很激动，而当我看到下面一双双明亮的眼睛时，我一下子紧张了起来，身上都出了汗水，但是孩子们热切的眼神，又使我很快平静了下来。望着那一双双明亮纯真的眼睛，我越讲越高兴，越讲越流畅，就把我准备的安全教育知识用简洁明了的语言，一点一点地与他们一起探讨。

下课后，我的心情久久不能平静。通过这节课，我了解到老师的辛苦，在教育孩子的时候付出了多少辛勤的汗水。"一切为了孩子，为了孩子的一切。"老师用他们的实际行动诠释了这句话真正的含义。

学校为家长提供了与孩子零距离接触与沟通的机会，给了家长一个展示自己的机会，让家长知道如何与学生沟通，用什么样的方法和语言才能更好地激发学生的学习欲望，让家长知道自己的小宝贝是最棒的。只有与他们沟通，才能让孩子了解父母的心情。

制作"花生小小酥"

授课班级：凝碧校区　五（1）班　　家长姓名：黄艳萍　　学生姓名：许昕钰

家长简介：

黄艳萍是一名金融工作者。平时工作紧张而忙碌，在闲暇时喜欢给家人烘焙可口的食品，孩子也特别喜欢参与其中，从中收获了满满的幸福。

授课主题：

烘焙——制作"花生小小酥"

教学过程：

一、制作过程

1. 原料及称重：低筋粉65克，花生50克，鸡蛋1个，黄油45克，糖35克。

2. 了解硅胶刮刀、电动打蛋器及烤箱的使用方法。

3. 讲解花生碎的制作过程：将花生称好倒入不加油的炒锅内炒熟（不放油），然后用粉碎机打碎。

4. 将鸡蛋的蛋黄和蛋清分离。

5. 将蛋黄、糖放入软化的黄油中，用打蛋器打至体积蓬松。

6. 面粉用筛子筛入打好的黄油里，然后用硅胶刮刀翻拌均匀，形成面糊。

7. 把炒熟的花生碎倒入面糊里，并用手揉匀成团。

8. 把面团揉成一个个的小圆球，摆在烤盘上，将圆球用手压扁，烤箱预热200度，用刷子在小球上刷上一层蛋黄。

9. 烤箱设 10 分钟，注意观察，烤至表面金黄出炉。

二、品尝小小酥，谈收获

请学生们分享美味的小小酥，同时谈谈这节课的收获。

三、总结烘焙课的感受

让同学们体会到烘焙不只是一种技能，更是一种放松的方式、一种生活的乐趣，体会到生活的美好，从而更加热爱幸福的生活。

家长热议

精心准备　以案说教

凝碧校区　五（1）班　杜钰骞爸爸

说实话，每次接到家长讲堂的通知我都忐忑不安，既想通过家长讲堂这个良好的平台把自己的一些知识、经验倾其所有传授给孩子们，又顾忌到孩子们的接受途径，不知怎么上课才能让孩子们感到生动活泼、易于接受，更害怕自己辛辛苦苦的准备得不到孩子们的认可，白费心思。但思来想去，我觉得只要自己与孩子们换位思考，从孩子们喜闻乐见、易于接受的方式出发，精心准备，一定能得到孩子们的认可，收到良好的效果。

为此，在准备授课内容前，我先同杜钰骞进行了交流，通过她了解同学们感兴趣的内容、授课方式。由于我从事的是刑警工作，主要业务是打击拐卖妇女儿童犯罪和打击虚假信息诈骗，我认为这些授课内容，只要内容精彩，方式得当，一定会得到同学们的欢迎。为此，我精心搜集了近年打击拐卖妇女儿童犯罪和打击虚假信息诈骗方面的案例，结合拐卖案例从不同侧面说明孩子在加强自我防拐方面的知识，结合虚假信息犯罪诈骗案例揭示日常接触的电话、短信、网络链接诈骗手法，提醒大家防骗识骗。同时在不违反纪律的情况下，我还挑选了一部分孩子们感兴趣的抓捕现场、押解现场照片，作为调节气氛之用。

难忘的家长讲堂结束了，尽管紧张得额头冒汗，但看到同学们满意的表情、杜钰骞略显得意的眼神，我感到十分欣慰。美中不足的是这次讲课经验不足，衔接不够顺畅，我会在下次课堂时再接再厉、总结经验、精心准备，为孩子们奉献一堂质量更高、内容更丰富的课程。

老师这样说

幸福的味道

凝碧校区　五（1）班　张倩

幸福是什么？有人说，幸福是"春种一粒粟，秋收万颗子"的收获；有人说，幸福是"采菊东篱下，悠然见南山"的闲适；有人说，幸福是"夜来风雨声，花落知多少"的恬淡。而对于我而言，幸福就是"自己劳动，丰衣足食"的快乐。

6月9日，许昕钰妈妈带着她的大烤箱和一大堆诱人的食材走进班里，给孩子们上了一堂精彩而富有创意的家长讲堂——烘焙。活动前，她和我们一起备课，不断修改教案，使其符合五年级学生的年龄特点。精心准备了烤箱、打蛋器、面粉、糖、刮刀等许多材料，自己回家又反复尝试了许多次，最后又完善了教学方法，为孩子们奉献了一个难忘的制作活动。

活动中，许昕钰妈妈用儿童化的语言，借助手偶，给孩子们讲了一个好听的故事《花生小小酥》，不仅让孩子们了解了制作花生小小酥的工具、材料和制作方法，还让孩子们知道了小小酥不同口味的不同做法，并且她的故事生动有趣，教态很亲切。她耐心地一边讲解一边制作，让孩子们真切地体验到整个过程。闻到了烤箱里小小酥香喷喷的味道，吃到了好吃的小小酥，我发现孩子们满脸都是幸福的笑容。

许昕钰妈妈说，她平时是烘焙爱好者，希望通过学校的家长讲堂，将烘焙技巧和烘焙的快乐分享给孩子们，让他们体会到做小小酥的乐趣，并教育孩子们做任何事情都要细心、认真，告诉他们只要用心去做，就一定可以做好。也让孩子们明白了烘焙不只是一种技能，更是一种放松的方式、一种生活的乐趣，体会到生活的美好，从而更加热爱幸福的生活。孩子们兴奋不已，纷纷表示回家后要亲手做小小酥给父母吃。

学校开设的家长讲堂，为孩子们带来丰富多彩的课外延伸课，增强了孩子们的实践动手能力，也为家长们提供了一个平台，让每个家长都可以站在讲台上，对孩子们畅所欲言，与孩子们有心与心的接触。

自制文具袋

授课班级：凝碧校区　五（1）班　家长姓名：郭凤云　学生姓名：方严

家长简介：

郭凤云现在是一个全职妈妈，但她仍是一个爱学习的"好学生"。生活中的方方面面，她都能应付自如，是儿子心目中无所不能的"超人妈妈"。

授课主题：

自制文具袋

教学过程：

一、请同学们先观赏制作好的文具袋、手提袋，激发同学们制作的兴趣。

二、缝制过程中的注意事项：

在缝制过程中，要小心使用针和剪刀，避免伤到自己。缝合的针脚不要太大，尽量做到均匀，要缝成一条直线。

三、向同学们分解展示制作流程，每做一步，展示一步。具体制作步骤如下：

1. 将两布片反面向内对齐，将拉链正面朝上夹在两布片的长边中间，用夹子固定后将此边缝好。

2. 将其中一布片反面向上压在拉链下面缝好。

3. 把布片的两侧分别缝好。

4. 把缝好的兜状袋子由内向外翻过来，这样缝制的线头从外面就看不到了，外形就更加美观了。

5. 最后把拉链拉开，将剩余的一面缝好，一个精美的文具袋就制作完成了。

四、同学们各自完成缝制后，展示作品，大家互相欣赏。

学生新知

阿姨教我做文具袋

凝碧校区　五（1）班　刘译超

每周一到上家长讲堂课，我心里就特别开心。方严妈妈上的家长讲堂至今我还记忆犹新。

方严妈妈在家长讲堂上教我们做笔袋。阿姨先让我们把线穿进针孔，我费了九牛二虎之力，也没有成功。看着其他同学一个个都穿好了，脸上露出快乐的笑容，我的心里特别着急，可是越着急，线就越不听话，无论我怎么努力，最终还是功亏一篑。没办法，我只好向同学求助。同学很友好，耐心地教我，最后我得出了经验，那就是穿线时眼要准、手要稳。有了诀窍，我静下心来，不一会儿就把线穿好了，我兴奋极了。接着，阿姨让我们把两块布和一条拉链放到一起，并用针缝起来。阿姨又让我们把对应的那条边也缝一下，缝完之后，一个完整的笔袋就算做好了。看似简单的过程，我做起来却是如此的困难，我先是不知道怎么把拉链和布放到一起，摸索了半天，也不知如何做，最后毛老师帮助了我，并教我怎么缝。可是由于平时没拿过针，一根小小的针怎么也不听我的话，我心想：我就不信我整不了你！越是这样想，它就越不听话，它一会儿从我手里悄悄滑落，一会儿又狠狠地刺我一下。我真的很无奈，折腾了一节课，也没缝好。看着班里有些同学已做好了笔袋，我心里感觉很失落。哎，怪只怪平时自己没有亲自动手做过任何事情。课结束之后老师对我们说："这些布都是方严的妈妈熬了好几个晚上为我们精心剪裁出来的。"我们全班同学都惊呆了，心里特别感动。

通过这次家长讲堂，我不仅学会了自己制作笔袋的方法，更明白了做事要有耐心、细心，只有这样，事情才能做成功。

会"缩骨大法"的鸡蛋

凝碧校区 五（1）班 杜钰骞

今天下午，我们又迎来了一周一次的家长课堂，本周给我们上课的是刘佳明的爸爸。刘叔叔显然是经过了精心的准备，给我们带来了几个精彩的小实验。

刘叔叔站在讲台上，手里拿着实验道具，问："同学们，你们看这是什么？""蜡烛！"同学们齐声回答。"对了，但是你们知道吗？蜡烛主要分为三种状态，分别是气态、液态、固态。下面我们就通过实验让同学们看看蜡烛的三种状态。"刘叔叔边说边做，他拿出一个小塑料盒和一截蜡烛，把蜡烛展示给我们看："同学们，这就是固态时的蜡烛，是最常见的状态。"然后他把蜡烛点燃，火焰朝下，随着火焰的逐渐变大，周围的蜡烛形成了蜡油，滴在塑料盒上。"同学们，这就是液态时的蜡烛。"刘叔叔介绍说。随后他拿出一根中空的金属细管子，说："最后我们来看看气态时的蜡烛是什么样的。"他把管子竖起来，一头对着蜡烛的火焰。神奇的事情发生了，管子的另一头冒出了一缕缕的白烟，同学们不由自主地发出了"啊"的声音。"这就是气态时的蜡烛，大家看到了吗？""看到了。"同学们异口同声地大声回答，同时爆发出热烈的掌声。

"下面我们来做第二个实验——'鸡蛋入瓶'。"刘叔叔拿出一个玻璃瓶和一个煮熟的鸡蛋，他把鸡蛋剥皮后放在玻璃瓶口，试图把鸡蛋放进玻璃瓶里面，但是鸡蛋卡在瓶口处，差一点进不去。"同学们，大家看到了吧，现在这个鸡蛋差一点放不到瓶子里面，大家有办法把鸡蛋放进瓶子里吗？"大家面面相觑，都回答不出来。刘叔叔笑了："大家都没有办法吗？

还是我来想办法把鸡蛋放进瓶子里去吧，大家看仔细了。"说着，他拿出一张纸，撕成几片，点燃后塞进瓶子里，然后再把鸡蛋放在瓶口，神奇的事情发生了，本来进不去瓶子的鸡蛋竟然一下子掉进了瓶子里。同学们发出惊讶的叫声。"同学们，知道这是为什么吗？"看着大家一脸疑惑的表情，刘叔叔自己揭晓了谜底："这就是热胀冷缩的原理。"同学们这才恍然大悟，爆发出热烈的掌声。

接下来的时间，刘叔叔又给我们演示了几个精彩的实验，并通过实验告诉我们其中蕴含的科学道理，就这样一节课在不知不觉中结束了。刘叔叔这种寓教于乐的教学方法，让我们在愉快的环境中增长了知识，我特别喜欢。

家长热议

我来当老师

凝碧校区　五（1）班　张涵玥妈妈

家长讲堂这项活动，确实开展得不错，取得显著效果，受到了广大家长和同学们的认可和好评。

我讲课的主题是"防火小常识"。在给孩子们讲课过程中，孩子们都认真听讲，积极踊跃发言、提问题，我心里特别高兴，以前没有这种机会和这么多孩子交流沟通，通过家长讲堂活动，拉近了与孩子之间的距离，了解了孩子们的兴趣和在课堂上的表现，也扩大和增强了孩子们的知识面和学习乐趣，便于我们发现孩子们的特点。

我对这次讲课感触挺深的：对自己是一种锻炼，也增加了与学校、老师、孩子之间的了解沟通。真的很感谢学校、老师们的辛勤付出，让孩子们全面发展。孩子们在课堂上那么优秀、懂事，这都是学校老师们辛勤付出的结果，再次衷心感谢学校、感谢老师们！

缤纷课堂，斑斓水果拼盘

授课班级：凝碧校区　五(2)班　**家长姓名：**刘宣立　**学生姓名：**刘怡岑

家长简介：

刘宣立是一位优秀的厨师，厨艺精湛，勤于思考。

授课主题：

水果拼盘

教学过程：

一、通过让学生观看各种水果，提问学生水果名称以及水果生长环境，导入授课主题"水果拼盘"。

二、提问：你们爱吃哪些水果？为什么？

三、水果都有哪些营养价值？

四、你们在家都是怎样吃水果的？

五、今天给大家带来的"水果拼盘"，请大家仔细观察拼盘里都有哪些水果，它们有什么特点。

六、教学生简单的水果拼插技巧。

七、总结

水果除了口味香甜受欢迎外，它也同其他食物一样为我们提供着必要的营养素。水果中维生素C的含量最多，一般的水果都是生吃，果汁内的维生素C可以免遭其他因素的破坏而全部被人体吸收。同时水果含有一些有机酸，可以刺激消化液的分泌，从而帮助消化。另外，水果还是良好的缓泻剂。因为它含纤维素较多，可以促使肠道蠕动加快而利大便。水果虽好，但一次也不能吃得太多，还应做到洗净去皮，否则暴饮暴食会带来副作用。

学生新知

与众不同的课程

凝碧校区　五（2）班　刘玉婷

我们的学校有一门与众不同的课程——家长讲堂。

那一次，邓中昊的家长来了。他给我们讲述了许多稀奇的动物，班里的同学对这个主题非常感兴趣。家长讲堂这么顺利，相信家长在背后付出了许多许多。这个学期来了这么多家长，每个家长都带着孩子的希望来讲课，可谁能想到家长在背后的辛苦？谁能想到家长在家里一次又一次地背稿，一次又一次地练习？

还有一次，王晓鹏的家长来了，他给我们讲了如何孝顺父母。他告诉我们怎样从一个不完美的孩子变成一个完美的孩子。

每一次的家长讲堂，我都会感受到家长对学生们的热情，对学生们充满了喜爱。我也能感受到家长在背后的辛勤付出。

家长热议

登上讲台之后的一点想法

凝碧校区　五（2）班　王晓鹏爸爸

几年来，非常感谢学校给我提供与学生和教师交流的机会。家长讲堂拉近了每一位家长和教师之间的距离，同时也使学生们懂得了学习的重要性、做人的原则和为人处世的方法，下面就说说我的几点感受。

首先，每一位家长刚开始都有点紧张和羞涩，但是后来逐渐和学生们融合在一起，班里的孩子们也特别喜欢他们。

其次，家长活动加强了家校联系，增进了教师和家长之间的了解，促进了学生全面发展。

再次，参与课堂授课家长的孩子，因为家长的到来，自信了很多，在学习能力和生活能力方面进步很大。

最后，因为家长参与家长讲堂活动的缘故，孩子们特别遵守纪律。

老师这样说

爱在践行中

凝碧校区　五（2）班　张文晓

随着家长讲堂的推进，从最初的做手工到安全知识，再到讲解国家历史，讲堂的内容越来越丰富了。

记得焦冰琦家长的讲堂最活泼——与孩子们零距离接触、面对面交流。数字图可以锻炼孩子的反应能力，提高他们的课堂专注力。而开火车游戏又拉近了与孩子们的距离，与孩子们建立了朋友般的友情。

李卓妍妈妈带来经典名著《假如给我三天光明》，介绍了主人公海伦·凯勒的故事，告诉孩子们要坚强。

刘怡岑爸爸为孩子们带来了水果沙拉，孩子们在亲手制作中体会到了食物的来之不易。在动手实践的同时开动大脑创新思维，让小小年纪的孩子们懂得自己动手做出的美食才是最美味的。

每一次家长讲堂都饱含着家长的用心，每一次家长讲堂都记录着孩子们的成长，感谢所有的家长给孩子们带来精彩的家长讲堂。

DIY 小蛋糕

授课班级：凝碧校区　六（3）班　家长姓名：王赛君　学生姓名：莫林臻

家长简介：

王赛君，性格热情开朗，待人友好，为人诚实谦虚，善于与人沟通。

授课主题：

DIY 小蛋糕

教学过程：

一、谈话导入

中古时期的欧洲人相信，生日是灵魂最容易被恶魔入侵的日子，所以在生日当天，亲人朋友都会齐聚身边给予祝福，并且送蛋糕以求带来好运驱逐恶魔。生日蛋糕，最初是只有国王才有资格拥有的，流传到现在，不论是大人还是小孩，都可以在生日那天，买个漂亮的蛋糕，享受众人给予的祝福。

二、分材料

把蛋糕、奶油、水果、糖果、饼干、裱花袋、裱花嘴、一次性手套以小组为单位分给组长。

三、制作过程

1. 用奶油把蛋糕包裹起来，好像给蛋糕穿上了一件雪白的棉衣。

2. 先在裱花袋里装满奶油，然后给蛋糕裱花，最后用喷粉给裱好的花涂上美丽的颜色。

3. 将制作好的蛋糕打包装在蛋糕盒里，然后封好口，最后拿一张纸片，上面写上祝福语。

四、欣赏制作好的蛋糕

五、总结

看着自己做的精美蛋糕，有什么感受？在刚才的制作过程中，每个孩子学得都很认真，也遇到了一些问题，但你们都能够动脑筋去解决，并且非常用心地设计出自己喜欢的形状，真好！

学生新知

再次提起笔，书写另一份精彩

凝碧校区　六（3）班　孔维海

本学期的家长讲堂和往年相比有了很大的改变，至今没有一位家长错过与我们的相遇。从我爸爸的毛笔课堂、孙高妍妈妈的拍拍操，到莫林臻妈妈的手工蛋糕，以及唐子轩爸爸的中国传统文化、刘靓洁姐姐的辩论会……每一堂课都精彩纷呈。

唐子轩爸爸自己放弃休息时间为我们准备材料。看着他手里的一沓资料，临走时那满黑板的知识，我很感动。莫林臻妈妈带着一大包蛋糕和奶油等材料走进我们教室的那一刻，我体会到了阿姨那份真挚的爱。当看到我们做完蛋糕，阿姨开心地笑了。刘靓洁姐姐提前好几天就提醒同学们准备材料，那节课我们过得很充实。

总而言之，我的感受只有四个字——非常精彩！这一个个精彩绝伦的课堂，将是我人生最美好的回忆。

家长热议

难忘的一课

凝碧校区　六（3）班　孔维海爸爸

记得那日下午三点整，我带着毛笔、宣纸、墨汁等教学用品来到六（3）班。与郜老师、陈老师短暂沟通后，我开始了与孩子们的互动学习。虽然课前我做了大量的准备工作，但真正讲起来并不轻松。面对着50多个青春阳光的面孔，我的心情并不如在公司同事面前发言那么淡定，因为现在的他们思维方式、知识水平都远远超过我们那个时代的孩子，稍有差池就会陷入尴尬的境地。好在孩子们学习毛笔字的热情非常高，他们认真听、仔细想、一笔一画地写……和他们一起，我感觉自己也回到了学生时代。

看似短短几十分钟，我觉得自己一点也不轻松，一节课尚且如此，我们的老师工作量更是难以想象！感谢学校领导的独具匠心，给家长一个与孩子共同成长的机会。学校既是充满希望的地方，又是个爱意浓浓的大家庭。真心祝愿学校的每一位老师都桃李满园、幸福美满！每一个孩子都快乐学习、健康成长！

老师这样说

"书"写人生

凝碧校区　六（3）班　郜鹏燕

"哇！今天是周五，听说今天的家长讲堂由孔维海爸爸为我们上，肯定很有趣。"我和孩子们一样期待着。

"字是一个人的门面，一手好字能使你终生受益。"这是今天家长讲堂上有着20年书法功底的孔爸爸送给孩子们的第一句话。字是一个人的门面，我们常说字如其人，其实就是希望一个人能端端正正写字，从而做一个认认真真、堂堂正正的大写的人。

孔爸爸虽然不是教师，但为上好这节课依然做了充分的准备，书法教学十二字方针——三素、四度、外部轮廓、内在联系，讲得清晰明了，精彩至极。一笔一画彰显名家风采，一撇一捺教会做人的道理。此时此刻，我深信精彩课堂不受年龄、语言、相貌的限制，只要你专业，你的魅力就无人能比。

后来，孔爸爸把上课的地点从教室转到了校园的水泥路，以拖把为笔，弃墨从水。学生们围在小路两边。孔爸爸要亮出大手笔，如此潇洒之动作，如此难得之机会，怎能错过？当孔爸爸挥起拖把写下第一个"永"字时，孩子们不约而同拍手叫好。他的一笔一画激发了孩子们学习书法的热情，在场的我也被此时的场面深深吸引。"大家，不愧为大家，果真出手不凡。"

几十分钟的精彩课堂让孩子们大开眼界、惊叹不已，就连接送孩子的家长们都止步围观，被孔爸爸的"挥洒自如"所吸引。我相信这节触动孩子们心灵的精彩课堂，能使我们的孩子用实际行动端端正正地书写自己的人生。

科创空间

我是小小魔术师

授课班级：美茵校区　三（1）班　家长姓名：吕玉萍　学生姓名：陶昱名

家长简介：

吕玉萍，副教授，现任洛阳师范学院教师。

授课主题：

紫甘蓝溶液作为酸碱指示剂的实验

教学过程：

一、创设情境，质疑自探

同学们，知道我们今天要研究什么内容吗？（板书课题，学生通过观看黑板，知道今天要学习紫甘蓝溶液作为酸碱指示剂的实验）看过这个题目，你想到了什么？让我们带着这些问题，一起走进今天的课堂学习"紫甘蓝溶液作为酸碱指示剂的实验"。

二、研究紫甘蓝溶液作为酸碱指示剂的作用

1. 教师在讲台上放置几瓶无色溶液。请仔细观察这几瓶溶液，它们有什么不一样吗？你们知道它们分别是什么溶液吗？（引导学生积极思考）

2. 对学生进行提问，大家积极发言，表达猜测。（启发学生想象力）

3. 你们知道紫甘蓝溶液分别加入到这些溶液中会有什么变化吗？（启发学生想象力）

4. 出示实验方法：把紫色的紫甘蓝溶液分别加入几瓶无色溶液中。

5. 观察变化（无色溶液由左至右颜色逐渐由浅绿变为深红）。

6. 讲述无色溶液发生变化的原因。

这都是酸碱指示剂的功劳。

酸碱指示剂：用于酸碱滴定的指示剂，是一类结构较复杂的有机弱酸或有机弱碱。它们在溶液中能部分电离成指示剂的离子和氢离子（或氢氧根离子），由于结构上的变化，它们的分子和离子具有不同的颜色，因而在PH不同的溶液中呈现不同的颜色。紫甘蓝溶液作为酸碱指示剂让酸性溶液和碱性溶液分别显示不同的颜色。

三、分组学习，合作交流

1. 现在请同学们按小组领取无色溶液。

2. 请同学们先用手在不同的量杯上扇一扇，然后闻一下溶液的气味，判断各种溶液分别是什么溶液。把结论写下来。（引导学生动手实践）

3. 请同学们根据小组内的判断，将溶液按酸性至碱性从左至右一字排开。

4. 现在请同学们分别在不同的量杯中倒入紫甘蓝溶液，观察量杯中无色溶液的颜色变化。（引导学生动手实践）

5. 请同学们把量杯按溶液颜色由浅绿到深红一字排开。同学们刚才的判断对吗？（对之前的判断进行验证）

6. 验证结论：量杯中颜色越绿的溶液酸性越强，颜色越红的溶液碱性越强。

四、生活中的运用

酸碱指示剂非常神奇，被运用到我们生活的方方面面。当我们不能判断一种溶液的酸碱性时，就要用到不同的酸碱指示剂。（课件展示）

五、课堂拓展

课后，有兴趣的同学可以和爸爸妈妈一起研究一下还有什么溶液可以作为酸碱指示剂。

> 家长热议

参与　陪伴　成长

美茵校区　三（1）班　姚博暄爸爸

　　姚博暄和博暄妈妈都让我讲讲急救知识，她俩都认为这样会使孩子们的参与度更高，只有让全班的小朋友都参与进来，家长讲堂的效果才会好。急救的知识与技能一定要教给孩子们，但是现在还有点早，孩子们也就是看看热闹。那还能给孩子们讲什么呢？反复考虑，从实用性、易学性上考虑，我还是讲洗手歌吧。之前博暄也跟我说过，已经有其他家长讲过洗手歌，但是我认为洗手在我们的日常医疗活动中是一件非常重要的事情，"重要的事情要说三遍"，于是我最终选择再次讲讲洗手这件事儿。传统的洗手讲座，我自己都不太爱听，至于编的七字口诀，我觉得还不如直接记步骤。我自己都不喜欢的，孩子们怎么会喜欢呢？于是，通过请教我们医院感控办的同事及上网查阅资料，终于找到了小动物记忆法。我给同事们讲讲，效果还不错，于是信心满满地来到了家长讲堂。

　　走进教室，站上讲台，看到那一张张稚嫩的脸庞时，我心中的那一份紧张瞬间逝去，取而代之的是一种愉悦的心情，我的目光在一张张小脸上定格，我想记住他们，这可都是我家姚博暄天天相处的小伙伴呀，我心里这样想着，同时也愈加感觉每张小脸都是那样的天真、可爱。孩子们的热情鼓舞了我，我觉得那天我是超水平发挥。

　　通过这次家长讲堂，我收获很多：一是体验了一下做老师的感觉。角色由家长转变为老师，由教育一个孩子变为教育一群孩子，我深深体会到了教师的辛苦和平凡中的伟大。二是跟孩子们拉近了距离，真正把家庭教育、学校教育融合为一体。三是感动和感谢。感谢学校开展的家长讲堂，为家长提供了与孩子零距离接触与沟通的机会。感谢学校搭建的平台，让来自不同行业的家长们，为孩子们带来丰富多彩、包罗万象的课程，拓宽了孩子们的知识面，更利于孩子们的成长和全面发展。

浮起来的鸡蛋

授课班级：美茵校区　三（2）班　家长姓名：王晓静　学生姓名：麻中泽

家长简介：

王晓静，虽然很年轻，但是这些年她一直很努力，她相信自己一定可以成为一位优秀的家长。

授课主题：

沉与浮之间的悬浮现象

教学过程：

一、做实验

1.取出一个玻璃杯，杯子里放2/3的清水，把一个鸡蛋放在清水中，观察所看到的现象。实验表明鸡蛋是沉下去的。

2.取出一个玻璃杯，杯子里放2/3的清水，用勺子往水里加足够量的盐，用筷子将盐搅拌至完全溶化，再把另一个鸡蛋放入水中，观察所看到的现象。

3.两个杯子放在一起进行观察比较。

二、说明其中的原理

三、举例说明生活中有哪些情况与其相似

四、实验总结

让孩子们在现场实验中获得知识，激起他们探究的兴趣。通过这次实验，孩子们基本了解了盐可以增加水的浮力这一原理，完成了既定的目标。我让孩子带着问题继续探索，使孩子的兴趣持续下去，并寻找更深一步的研究。

五、学生反馈

学生新知

心中那座彩虹桥

美茵校区　三(2)班　焦荷雯

今天的家长讲堂，是由麻中泽的妈妈带来的。

麻中泽的妈妈带来的是实验。她的实验器材包里有很多东西，有柠檬、橘子、洗手液、吸管、手套、抹布，让人目不暇接。讲座终于开始啦，麻中泽的妈妈把橘子泡到水里，给我们讲起了浮力与重力的关系……

我最期待的实验终于开始啦，那就是制作彩虹桥。麻中泽的妈妈先用肥皂水把桌子弄湿，然后小心翼翼地用吸管沾上一点点肥皂水，再小心翼翼地吹了一个大泡泡，然后把吸管插到泡泡里，再吹个小一点的泡泡，就这样，吹一个，再吹一个，做成了一座彩虹桥。其实，彩虹桥就是一层一层的泡泡做成的，泡泡能反射彩虹，所以呢，就像一座彩虹桥一样，散发着光辉。突然泡泡破了，泡泡的皮非常薄，很容易破，所以彩虹桥是很难做成的，需要很高的技巧。

这次实验让我知道了：像水、泡泡液之类的液态物体，它们是会反光的，连冰也会反光。如果想做彩虹，是一件很容易的事情，但是想制作彩虹桥，却一点也不容易呢。

彩虹桥虽然破了，可这座彩虹桥，却搭在了我的心里。这座彩虹桥搭上了科学之路，让我爱上了科学。

> 家长热议

涂抹生命不同的颜色

美茵校区　三（2）班　毕冉昕家长

我非常欣赏学校开办家长讲堂的创意，让不同的家长从不同的视角，带给孩子们多元的体验和感受。作为一名三年级学生的家长，我已经两次参加了家长讲堂。现在想想第一次接到家长讲堂任务后的心情可真是诚惶诚恐，生怕自己的内容没意义，形式不新颖，讲解不精彩，不能给他们以启迪。

那天，精彩的动画片开场白一下子吸引了孩子们的注意力，喧闹的教室安静下来，我尽量用他们能理解的语言和故事，来描述那个美好的字眼。有趣的故事、动感的图片、优美的诗歌一步步把孩子们带入一个绚烂的世界里，我知道，"梦想"这个词在他们心里留下了印记。

孩子们一个个如同一张张洁白的纸，家庭、学校、社会一点点给他们生命涂抹上不同的颜色，我多希望我涂抹上去的那一道是烟花般的绚烂和热烈。家长讲堂让我深深体会了老师的不容易，面对那么多活泼好动的孩子是要多么有耐心才能坚持一节课啊。为了吸引孩子们的注意力，保证课堂效果，老师们背后要付出多少的努力啊！

那天我讲得很投入，孩子们听得也很认真，虽然我不知道最终"梦想"的种子有没有成功种在孩子们的心里，但我愿意去做那个唤醒梦想的家长，尽自己最大的耐心和爱心呵护他们，让他们在阳光下如花绽放！

老师这样说

协调家校联系，促进孩子全面发展

美茵校区　三（2）班　胡育杰

我们的社会正处于转型时期，随着社会的发展，人们越来越认识到教育的重要性，对教育的要求也越来越高，尽可能地想让孩子受最好的教育，都希望自己的孩子是全面发展的高素质人才，以适应将来更为激烈的社会竞争。为此，我校充分挖掘了优秀家长资源，开设家长讲堂，为我校全面高素质人才的培养开拓了更为广阔的空间与途径。

我校提出的家校联盟策略，是积极探索家校联系的一种新途径、新方法。它改变了传统家长会形式，使之真正成为沟通家庭和学校的桥梁。

我认为，我们的家长讲堂形式可以多样，不必局限于课堂内的讲座，还可以推广到学校的其他各个层面，特别是让家长参与到各种德育活动中。比如我们可以利用有体育特长的家长，邀请他们参与学校各项体育比赛工作(如充当田径运动会教练、裁判等）；我们还可以利用技能型的家长，来给学生进行各类生活知识、生存技能等方面的指导。学校的所有德育活动，都可以邀请相关的家长一起参与、一起指导，这样能达到既教育学生，又得到自身教育，同时还能密切家校沟通，为学校教育带来意想不到的效果。

家长讲堂作为一种新的家校合作形式，具有较强的可行性和实效性。为了保证家长讲堂的有效、长期进行，学校必须出台相关的评价机制，对参与讲课的家长、听课的学生或教师实行综合评价机制。只有这样，才能充分保证家长讲堂的高质量。

病毒的科普知识

授课班级：美茵校区　三（3）班　家长姓名：伍家发　学生姓名：伍玥菡

家长简介：

伍家发，细胞生物学专业博士，河南科技大学教师，主要研究乳腺肿瘤发生发展的分子机制。

授课主题：

病毒的科普知识

教学过程：

一、创设情景，提出问题

谈话：大家对禽流感知道多少呢？

学生自由回答，引入课题——什么是病毒。

二、病毒是一类什么样的生物

1. 提出问题：结合图片、动画演示认识病毒。

2. 学生猜想，并汇报交流。

总结：病毒是一类没有细胞结构的特殊生物，其结构非常简单，由蛋白质外壳和内部的遗传物质组成。病毒不能独立生存，必须生活在其他生物的活细胞内。病毒个体极其微小，绝大多数要在电子显微镜下才能看到。

3. 认识病毒的两面性。

①危害：通过学习，我们知道病毒给人类带来了一些疾病。

②有益方面：例如我们打的疫苗，有的就是用人工处理过的病毒做的，可以预防疾病。

三、探究活动

关于由病毒感染引起的疾病，如何预防呢？由病毒引起的疾病有哪些？都有什么症状？主要传播途径有哪些？预防措施有哪些？

①展示搜集到的图片、视频，如腮腺炎、禽流感、手足口病，使学生更直观地认识病毒的基本症状和传播途径。

②引导学生概括出预防各种病毒性疾病（如禽流感）的方法。

总结：通过交流，我们发现病毒一般通过空气、饮食、体液或接触等途径进行传播，因此我们要养成良好的卫生习惯。

学生新知

血液的故事

美茵校区　三(3)班　乔妍艾

上次我妈妈来到我们家长讲堂，为同学们带来了一次别开生面的讲授——"神奇的血液"。妈妈是医院的医护人员，天天和血液打交道。通过妈妈的讲解，我们了解了血液是由血浆和血细胞组成的，知道了每一个部分的功能，还回答了血液为什么是红色的，虽然答得不准确，但妈妈依然鼓励我们，并给认真听讲和积极回答问题的小朋友送上了小礼物。

同学们在听的过程中，不仅专注认真，而且回家后还把所看到、所听到的讲给自己的爸爸妈妈听。我们都喜欢家长讲堂，不仅能学到许多生活中的重要知识，还能得到各种各样的小礼物。

家长热议

第二次走进课堂

美茵校区 三（3）班 乔妍艾妈妈

2017年春天的一个周末，怀揣着一颗感恩而忐忑的心，我再一次站在三（3）班家长讲堂的讲台。很感谢学校给了我们家长一个和孩子们零距离接触的机会，同时也给了我们一个锻炼自己、展示自己的平台。家长讲堂是学校从一年级就坚持进行的一项家长和孩子们互动的课程。这么长时间做下来，每一个走上讲台的家长都绞尽脑汁准备适合的素材，既能激发孩子们探知世界的兴趣，又能让可爱的孩子们通过这个活动开阔眼界，增长知识，一举两得。

上次我讲的是"神奇的细胞"，结合自己的专业和工作特点，这次我准备的是"神奇的血液"。当我展开课题内容时，孩子们都纷纷踊跃地举手回答问题，并提出自己的疑问。通过讲授，我明显感觉到，现在的孩子由于接触的信息比较多，一些常识性的东西都能很快地接受并消化，让我十分意外。所以几十分钟下来，虽然我口干舌燥，但内心充满了欣慰，并同时深深地感受到老师们日常教学的艰辛和不易。

再次感谢学校能为班级建起这么好的一个平台。老师让家长走上讲台，参与孩子的成长，为我们家长创造了教育机会，也为孩子树立了学习的典范。我希望这个活动能够坚持下去，并越来越好。

老师这样说

搭建家长讲堂，促进家校联合教育

美茵校区　三（3）班　刘春霞

张校长经常说："在学生的教育中，孩子们不仅要学会求知，学会做人，学会创造，更要在日常化、具体化、生活化的教育中将学习进行到底。家长讲堂就是另一种多样而新颖的教育，是孩子们成长路上的助推器。"

在家长讲堂上，来自各行各业的家长结合自身工作实际，用生动形象的语言给同学们献上了一堂堂别开生面的课。刘宸琦妈妈走近孩子们，情真意切地与孩子们交流"我们为什么要你用功读书"；王安雅爸爸图文并茂地为孩子们讲"换牙那些事儿"；王廷瑞爸爸教给孩子们"儿童自我保护的方法"；常若涵的爸爸向同学们介绍多肉植物生长的秘密；曾开渊妈妈给孩子们带来贴心话题"零食的危害以及选择"；董佳钰妈妈饶有兴致地给同学们演示饼干的制作方法……每一位家长从"小家"被请出，面向"大家"，用实际行动成为孩子们成长路上的助导师。

好课堂的呈现，源于学校与家长的共同努力。每学期伊始的家长会，我和臧君丽都会抓住和家长见面的机会向家长们讲解学校开展家长讲堂活动的重要意义，并对授课形式、地点及内容做出详细说明。继而采用家长自荐、短信或电话沟通预约等方式报名，确定参与讲课的家长名单，然后再根据报名家长的实际情况统筹协调安排。为了使讲课内容更加浅显易懂，便于孩子们理解，我和臧君丽都会在家长讲课之前和家长沟通授课内容、形式、PPT制作等，给家长们信心。

奇妙的科学小实验

授课班级：美茵校区 三（3）班 家长姓名：陈春艳 学生姓名：张琦宸

家长简介：

陈春艳，草学专业博士，河南科技大学教师，主要从事牧草种质资源与育种方面的研究。

授课主题：

奇妙的科学小实验

教学过程：

一、引出液体表面张力的概念和原理

让学生观察水黾在水上行走的照片，提出问题——为什么水黾可以在水面上行走而不会沉入水中？

二、实验一：硬币和大头针浮于水面

方法：注满水的烧杯中，用滴管滴加水，使水的表面张力增大，然后将硬币和大头针沿着烧杯的边缘推至水面上，使之浮于水面。

实验现象：水面逐渐凸起高于杯口但不溢出。

结论：说明水的表面张力的作用。

三、实验二：水超过杯口不溢

方法：向注满水的烧杯中小心地逐个加入图钉，要从水面的中间放，尽量减小对水面的扰动。

实验现象：水面逐渐凸起高于杯口但不溢出。

结论：说明水的表面张力的作用。

四、实验三：表面活性剂能改变水的表面张力

方法：在注满水的烧杯中，向中央的水面上滴几滴洗衣粉溶液或洗洁精等表面活性剂。

实验现象：水会从杯子中溢出。

结论：表面活性剂破坏了水的表面张力。

五、实验四：硬币上的水珠

实验方法：

1. 将硬币放在平整的桌面上，用胶头滴管取水轻轻地滴在硬币的表面上。

2. 发现硬币表面形成一个球形的水滴，继续用滴管轻轻地往这个水滴上滴水，发现球形越来越大，记下次数，直到水流出为止。

实验现象：水滴越来越大，没有立刻溢出。

结论：水有表面张力。

六、课堂小结

液体表面存在表面张力。表面张力：液体的表面好像一张绷紧的橡皮膜，各部分之间存在着相互牵引的拉力。

七、提出思考题

人能在水面上行走吗？为什么？人怎样才能在水面上行走呢？

学生新知

有趣的科学

美茵校区 三（3）班 张绮宸

4月28日下午，我的妈妈来到我们三（3）班的教室，给我们上了一堂家长讲堂课。早在几个星期前，我就悄悄地告诉妈妈这个好消息了，让她好好准备一下。我们班的同学们都特别喜欢家长讲堂课，因为不仅可以学到一

些以前从来没有接触过的知识,而且还可以收到家长送的小礼物,同学们都很期盼呢。

这一天,妈妈带来了很多学具,有烧杯、硬币、大头针、滴管等。她这是要干什么呢?原来她准备给同学们做一个小实验。还没上课,同学们就兴奋地把她团团围住,问这问那的。

开始上课了,妈妈首先让同学们观察几张小昆虫在水面上行走的图片,然后问大家为什么这种小昆虫可以在水面上行走而不会沉入水中。原来这是液体表面张力的魔法。接下来为了告诉大家什么是液体表面张力,她给大家做了一个小实验。首先在烧杯内装满水。然后拿一支滴管不断地往水面上滴加水,这时会看到水面仿佛有一层膜高高地凸起。接着拿一枚硬币沿着烧杯的边缘慢慢地推至水面上,这时神奇的事情发生了,硬币没有沉下去,反而浮在水面上了。同学们都高兴地拍起手来。接下来妈妈又做了几个小实验。通过这几个好玩又有趣的实验,我们明白了液体表面张力的作用,真的是太奇妙了。

原来生活中充满了很多好玩的科学常识,我们要好好学习,努力发现更多、更有趣的科学道理。

家长热议

欢乐的科学世界

美茵校区 三(3)班 张绮宸妈妈

作为一名小学生的家长,早就耳闻学校的家长讲堂,一直期盼着能够和孩子们一起分享知识、感受学习的乐趣。几个星期前,我的女儿绮宸就提醒我快轮到我上家长讲堂了。我和女儿都特别期待这次特殊的课堂。一直在考虑该为孩子们讲点什么好,因为自己在研究生期间一直和瓶瓶罐罐的实验药品、试剂打交道，以及后来所从事的职业都和实验密不可分，加之我对实验情有独钟，所以我决定给孩子们上一堂实验课。

我首先从网上搜索了许多视频，初步确定了这次课的主题——液体的表面张力。然后深入实验室找到一些上课用的学具——烧杯、滴管、托盘、硬币、大头针、图钉等，并且制作了简单易懂的PPT，希望能够和孩子们一起在玩中学，在学中成长。

上课这一天，我带去了精挑细选的52本课外读物捐赠给了班级图书角，希望同学们能够多读书，在书中寻找到更多的快乐。当看到同学们发现新书、迫不及待地开始认真看的样子，我相信自己做对了这件事。当我开始进行精心准备的小实验时，孩子们认真地倾听，仔细地观察。当硬币轻轻地浮于水面上时，同学们高兴地拍起小手来，我也和孩子们一起沉浸在欢乐的科学世界里。此情此景深深地打动了我。

通过这次家长讲堂，我感受到了和孩子们一起分享知识的快乐。同时我也总结了如下经验：小学生的课堂讲授内容不能过多，实验不在于多，而在于有趣，这样才能激发他们产生浓厚的学习兴趣。

老师这样说

家校共育促成长

美茵校区　三（3）班　臧君丽

每到周五下午的家长讲堂，只要家长一走进教室，孩子们就会围上来，很热情地和叔叔阿姨打招呼，急切地问这问那。家长们通常都被孩子们的好学多礼所打动，都愿意为他们上课，都愿意尽其所能地去丰富他们的精神世界。

家长们讲的内容，知识涵盖面广，而且讲求趣味性和实用性，不管是专业人士还是非专业人士，他们都认真负责地对待，在课前都搜集了相关内容的许多视频及资料，为了能把枯燥的知识讲得生动些，还精心准备了PPT，以便能更形象、更直观地将这些内容展现在孩子面前。课上，孩子们热情高涨，认真专注地听课，积极地回答问题，并进行热烈的讨论。孩子们沉浸其中，思维活跃，提的问题也非常好，一堂课往往在轻松、欢快的气氛中不知不觉结束。孩子们听得开心，家长们讲得欣慰，开心地对我说：为自己能深入浅出地讲解这堂课感到自豪，同时也体会到了老师平时工作的辛苦！

家长讲堂这种上课形式很有意义，不仅增加了学校的教育资源，拉近了家长与孩子的距离，同时还填补了孩子在非教育领域的知识空白，拓宽了孩子的知识面。家长讲堂是家校共育、孩子成长的有利助推器。

愿这样的活动长期扎实地开展下去！

科学小实验

授课班级：美茵校区 三（5）班 家长姓名：焦志爽 学生姓名：程雨菲

家长简介：

焦志爽，一直致力于教育辅导工作，得到众多家长的好评。

授课主题：

科学小实验

教学过程：

一、鸡蛋不倒翁

准备材料：鸡蛋一个、食盐或白糖少许。

演示过程：将食盐放在桌面上摊开，再将生鸡蛋放在食盐上方，找准位置，鸡蛋即可站立。

探究分析：挑选几个学生进行实验操作。

总结道理：因为食盐比较粗糙，食盐和鸡蛋之间形成摩擦力，依靠摩擦力使鸡蛋站立。

二、筷子的神力

准备材料：塑料杯一个、米一杯、竹筷子一根。

演示操作：将米倒满塑料杯，用手将杯子里的米按一按；用手按住米，从手指缝间插入筷子；最后提起筷子，杯子和米一起被提起来了。

探究分析：杯内米粒之间的挤压，使杯内的空气被挤出来，杯子外面的压力大于杯内的压力，使筷子和米粒紧紧结合在一起，所以筷子就能将杯子和米粒一起提起来。

三、带电的报纸

准备材料：一支铅笔、一张报纸。

演示操作：展开报纸，把报纸平铺在墙上，用铅笔的侧面在报纸上摩擦几下，报纸就粘在墙上了。

探究分析：铅笔与报纸摩擦促使报纸带电，带电的报纸被吸到了墙上。

四、课堂总结

本节课的讲解使学生体会到生活处处都是科学，因此我们要善于观察、善于总结。同时学生也可以把生活中简单易懂易操作的实验分享给大家。

学生新知

家长讲堂——我最期待的一节课

美茵校区　三（5）班　李天硕

每到周五，上完社团课，我唯一记挂的就是快一点上家长讲堂！"今天会是什么有意思的课在等着我们呢？"每次都是新奇的感觉，每次都使我脑洞大开！

代思宇的妈妈给我们带来的"扫地机器人"，很吸引我们的眼球。我认为它是吸尘器和扫帚的完美结合，可以智能地识别需要清扫的地方，帮我们打扫一些很小的灰尘，真是360°无死角。扫地机器人真是人类的好帮手！

程雨菲的妈妈给我们带来的"色彩大爆发"，使我们的视觉受到了不小的冲击。先是用小苏打、颜料、水配置好，小苏打会静静地沉淀在底部。见证奇迹的时刻到了：把白醋往里一倒，容器就像刚打开的啤酒一样，成千上万个白色的小泡沫直往外喷，并且带有绚烂的色彩。如此神奇的实验，如此奇特的变化，都是出自我们之手呢！同学们一个个都惊叹得张大了嘴巴。

我妈妈讲的"馒头的前世今生"，我也参与其中，看似不起眼的馒头，都有很多年的历史了，这使我对我们中华文明的博大精深有了探究的渴望，课上我就好想回家抓着馒头再仔仔细细品味一番呢！其间，我还给大家讲了韩信发明竹蒸笼的故事，让同学们了解了韩信不仅是一位大将，还是一个发明家哦！

家长讲堂，是我们学生期盼的一节课。它不仅给我们带来了知识，还给我们带来了无穷的快乐。家长讲堂，我珍惜与你在一起的美好时间。

家长热议

家校合力，共筑美好

美茵校区　三(5)班　李奕玎妈妈

学生健康成长是学校、家庭及社会共同的责任，而家长讲堂无疑是家校联合的一种很重要的方式。通过家长讲堂，家长可以看到孩子在学校的表现，可以理解老师组织课堂的不易。由于家长从事各行各业，从事行业的不同便具有不同的思维方式，所以我认为家长讲堂的另外一个作用，就是让孩子们接触到多元思维的启发，拓展孩子们的视野，让各种思维在碰撞中迸射出创新的火花。

这几天，我和李奕玎聊了不少关于家长讲堂的问题，从中了解到家长们的课堂涉及医药、历史、逻辑思维、植物、动物等方方面面。

家长们大多对课堂的组织缺乏一定的管控能力，由于面对的是小学生，小精灵们缺乏自觉性，虽然有老师在下面维持秩序，也难免有些吵闹。

哲学家培根曾经说过：读史使人明智，读诗使人灵秀，数学使人周密，科学使人深刻，伦理学使人庄重，逻辑修辞使人善辩，凡有所学，皆成性格。希望咱们学校的家长朋友与老师们共同努力，将我们的小精灵们培养成多才多艺、全面发展的人才。愿我们的家长讲堂越办越好，家校联合更加有力，给小精灵们更好的发展，更美好的未来！

陪伴成长，让爱智慧

美茵校区 三（5）班 张奥琪妈妈

孩子告诉我每周一节的家长讲堂是班里的小朋友们最盼望的课堂之一，因为这一堂课，不是老师上台讲课本上的内容，而是由同学的家长来主讲，每一堂课都能给学生带来意想不到的"课外大餐"，让孩子们学到不同领域的知识和技能。

在徐老师的安排下，我非常有幸参加了家长讲堂，这样的亲身经历让我切身体会到了老师的辛苦。为了给孩子们上好这一课，我在家准备了很久，而老师天天都如此辛苦，才能让孩子们每天都开心快乐地度过学校时光。老师还要顾及每个孩子的情绪，不能顾此失彼，实在太不容易了。同时，我也感受到了课堂上孩子们多姿多彩的模样，他们单纯、聪明、积极、认真、求知欲强，他们亲切地唤我一声"老师"，让我激动。对于我的每个问询，他们都积极配合呼应，整个课堂是那么的生动有趣。在这个互动的过程中，我真切体会到了"陪伴成长，让爱智慧"八个字的含义。

希望家长讲堂永远陪伴孩子们，让每个家长都有更多的机会身临其境地感受老师的不易和孩子们的努力，给予孩子更多关怀，让孩子在爱中成长。

神奇的杯子

授课班级： 凝碧校区　三（1）班　**家长姓名：** 赵利辉　**学生姓名：** 庞云泽

家长简介：

学校的工作她总是给予最大的支持，班级里的事情她总是给予最大的关注，教师的工作她总是给予最大的理解，她就是赵利辉。

授课主题：

科学小实验——神奇的杯子

教学过程：

一、导入

这是一个杯子，它能做什么？你知道杯子的力量有多大吗？今天我们就来试一试。

二、合作探究

1. 拿一块玻璃板，在上面放一张纸巾，用水将其打湿。
2. 拿一团棉花，用酒精浸湿。把浸湿后的棉花放在湿纸巾上，用火点着。
3. 取一个玻璃杯，盖住火焰，并用力压一下玻璃杯。
4. 把玻璃杯提起来。看，玻璃板也被提起来了！
5. 用同样的方法，你可以提起两罐水。
6. 试一试，还能放更重点的东西吗？

三、实验原理

你知道为什么杯子有这么大的力量吗？

这其实是大气压的力量。当玻璃杯盖住火焰之后，玻璃杯里面的氧气会被烧尽，导致杯里的气压非常低。玻璃杯外面的气压比杯里要高,所以杯外空气会对玻璃杯产生高强度的压力。这些压力是来自四面八方的,包括玻璃板的底部。这种情况就好比有一只大手紧紧地包住了玻璃杯和玻璃板,没有足够的力量是不能把它们分开的哦。所以,我们看到的现象就是玻璃杯和玻璃板紧紧地粘在一起了!

学生新知

环保在行动

凝碧校区　三(1)班　赵晨昊

今天下午的家长讲堂是由我妈妈来讲的,讲课的主题是:保护环境,从我做起。妈妈已经早早地来到教室门口,等待着上课铃声的响起。看到妈妈的到来,我既高兴又激动。

上课铃声一响,同学们都坐得端端正正的。妈妈直奔主题,先让我们观看了那些没有被污染的青山绿水的图片。接下来,让我们观看正在遭受着大气污染、水污染、固体废弃物污染的图片,这些图片深深地触动了我的心。然后,我妈妈讲解了它们的来源、危害和治理。最后,我们了解到作为一名小学生,为了我们的环境能做的有哪些,我们的学校面临的环境问题主要有哪些。

这节课让我明白了,我们应该珍惜和爱护大自然给予我们的美好环境,珍惜我们身边的一草一木,保护我们这个共同的家园——地球,不能让我们的家园再被破坏了。同学们,我们应该从我做起,从身边小事做起,做一些力所能及的事来保护我们的地球,做一个保护环境的小卫士。

家长热议

其实很简单

凝碧校区　三（1）班　刘怡欣妈妈

对家长讲堂这个活动，之前我还稍微有点排斥，不知道该讲些什么，也不知道怎么跟孩子们沟通，带着深深的疑惑参加了这次的讲堂。

最开始我想到要过三八妇女节了，想着如何教孩子们做点手工，到节日的时候送给自己的妈妈。后来在刘昶言妈妈和陈王心妈妈的鼓舞和帮助下，就决定教小朋友们做玫瑰花送给妈妈。

终于到了我上课的时候。当看到同学们都在很用心地制作花朵，看到孩子们那满足的笑脸，我也很开心。

通过这次的家长讲堂，我有了一个全新的认知，认识到实际过程并没有想象的那样难，只要是自己下定决心要做的事情，认真付出了，一定会收到良好效果。

老师这样说

家长走上讲台当老师，孩子受益颇多

凝碧校区　三（1）班　刘玉慧

成立家长讲堂，源于我们学校的家校合作，这样能充分挖掘家长的教育资源，调动家长参与班集体建设的主动性，形成家校教育合力。

环保、安全、科普、艺术、法制、民俗、军事……家长讲堂丰富的内容，大大激发了学生的学习兴趣。家长中真是藏龙卧虎，能人不少。每一次活动家长都会带来用具及小奖品，孩子们乐享其中。

在家长讲堂里，家长既当老师又做学生，既是孩子的家长，又是孩子的同学。这些角色不仅让家长学到了很多的东西，也体会到了当老师的不易。

"看得出来，我站上讲台令儿子倍感自豪，这是别的活动无法替代的。"自从参加家长讲堂活动以来，刘一菲家长欣喜地感受到了孩子的变化。"其实讲什么并不重要，关键是我来了，参与了，孩子感觉到我很在乎他，和他一起上课、交流、谈笑，他就满足了。"

"老师的知识是从课本到课堂，家长的课程则是从工作、生活到课堂，讲起来更亲切。"成雪萌家长如是说。家长的社会职业、生活阅历与自身专长是一笔丰富的教育资源，是对学校教育资源的有效补充，是每一位学生身边最宝贵的资源。另外，家长们讲课内容丰富，形式多样，不拘一格，令学生耳目一新。他们以独特的视角，把对社会和科学知识的理解带进课堂，和孩子们共同分享，开阔了孩子们的视野。在家长讲堂里，家长的榜样作用被放大，孩子们感受到了家长的爱，并由此心生自豪感，努力上进、追求卓越的内心需求被激发出来。

酸碱指示剂

授课班级：美茵校区　四（1）班　家长姓名：段丽丹　学生姓名：曹靖昊

家长简介：

段丽丹，致力于推广儿童科学教育，强调儿童科学实践，让科学教育真正成为立德树人工作的重要组成部分。

授课主题：

酸碱指示剂

教学过程：

一、导入

用紫色的紫甘蓝做实验。

二、发现问题并提出猜想

英国科学家波义耳在一次实验中不慎将浓盐酸溅到一束紫罗兰的花瓣上，喜爱花的他马上进行冲洗，一会儿却发现紫色的花瓣变红了。

由紫罗兰花瓣遇浓盐酸变红的现象，他猜想：许多植物的花、果、茎、叶中都含有色素，这些色素在酸性溶液或碱性溶液里显示不同的颜色，可以作为酸碱指示剂。

三、制定实验

1. 自制酸碱指示剂实验。

①制作紫甘蓝浸出液。

②纱布过滤。

③实验指示剂在以下不同溶液中的颜色变化。

指示剂（汁液）	在不同溶液中的颜色变化			
	白醋	小苏打	可乐（孩子回去实验）	肥皂水
紫甘蓝	红色	蓝色		

④交流实验结果，比较所制得的指示剂在酸性或碱性溶液中的颜色变化。

2. 波义耳发现酸碱指示剂。

①白醋、小苏打溶液分别和紫甘蓝反应。

②观察并记录现象。

利用PH试纸和比色卡测酸碱性，比色卡上有14个数字，7是中性，1—6是酸性，8—14是碱性。

液体指示剂不便携带，波义耳用了一个巧妙的方法。他把滤纸条放入石蕊溶液中泡一段时间，然后用镊子取出阴干，这就制成了实验中常用的石蕊试纸。

四、反思与评价

你的实验结果和其他组一样吗？如果不同，可能的原因有哪些？

本节课你有哪些收获？

五、巩固拓展

现有三瓶无色液体，分别是洗衣粉水、小苏打水、食盐水，请你设计实验鉴别它们。

学生新知

家长讲堂，课外知识的补给站

美茵校区　四（1）班　尤子优

我觉得家长讲堂是一个非常有创意的课程，最大特点就是让家长来给我们上课，有科普、食品安全、检验纸币、化学小实验等科目。我们快乐上课，补充知识，有时候还能收到小礼物。我们既可以开心上课，也可以快乐下课。

在讲课期间，家长常跟我们互动，让课堂充满乐趣。

我们期待的家长讲堂是家长们从百忙中挤时间为我们准备的。有的甚至从外地特地赶来为我们上这一节课，所以家长讲堂来之不易，我们更要珍惜。在家长讲堂中，有教折纸的，有做游戏的，有讲消防知识的……我学到了许许多多自己不知道的东西。

这门课，可以说是家长专程来给我们补充课外知识的。所以，我要向来家长讲堂的家长们致谢。总之，我喜欢家长讲堂这门课！

最特别的课堂

美茵校区　四（1）班　张璐

在众多科目中，我最喜欢的还是那节特别的课——家长讲堂。

家长讲堂是一个让家长们做老师的平台，我们也可以学到很多课本上没有的知识。比如，我的妈妈为我们上了一节科学课，讲了关于"死海"的知识，还做了如何让鸡蛋浮起来的小实验，大家都兴致勃勃，觉得特别神奇。再比如王基瑞妈妈带我们做了染色小实验，在每个杯子里倒上水和颜料，再放上纸巾，纸巾会染上颜色，好看极了！

同时，家长们也很辛苦。他们每人都有工作，还要从百忙之中抽出时间准备课件，再为我们上课，真的太辛苦了！我喜欢家长讲堂这节特别的课，也非常感谢为我们上课的爸爸妈妈们！

家长热议

一段美好的回忆

美茵校区　四（1）班　苏畅家长

还记得两年前，女儿二年级，刚刚转入北京第二实验小学洛阳分校。兰老师和我沟通，让周五去学校给孩子们上一堂家长讲堂，内容可以自己设计。

从构思到做准备，我把家长讲堂的内容分为两部分：一、以故事的形式折射出一个浅显的道理，让同学们之间相互协作、帮助，实现快乐学习。二、用彩纸折一朵百合花，让孩子们的动手能力、思考能力相结合，寓意孩子们像五颜六色的百合花一样绽放，拥有开心的童年学习生活。

家长讲堂的时间到了，我在孩子们的簇拥下走进教室。课进行得很顺利，孩子们踊跃发言，课堂气氛时而安静，时而沸腾。三十五分钟的时间转眼就过去了，孩子们意犹未尽地拿着手中的百合花开心地笑着、雀跃着。

两年过去了，当时的情景以及为讲堂所精心准备的过程，仍历历在目。孩子更是时不时地回忆：妈妈，我的同学都很喜欢你，还记得你教我们做百合花。哈哈，天真的孩子，妈妈希望你们带着快乐遨游在知识的海洋，健康快乐地成长！

老师这样说

陪伴是最好的教育

美茵校区　四（1）班　兰蕴芳

在学校，有这样一支特殊的"教师"队伍——他们平时忙碌在各行各业，却相约在固定的时间站上班级的讲台，结合自身的专业特长，传授着与老师们讲的不太一样的知识，让学生们拓宽了视野，增长了见识。他们就是学生家长。

家长讲堂以班级为单位，充分挖掘家庭资源，邀请每一位家长走进教室，做一回老师。中西方文化差异、食品安全常识、手工纸艺、科学小实验、个人安全护理……家长们通过精心准备，给孩子们带来了一节节不一样的精彩讲堂。其实，家长讲堂一期期进行下来，是一件很不容易的事，大多数家长工作都比较忙，他们需要克服种种困难，加班准备上课资料，然后和老师一样走上讲台，和孩子们分享新的知识，谈谈心，聊聊天。每到周五，孩子们总是特别激动："兰老师，今天是谁的家长要来？""叔叔，阿姨！今天咱们学什么啊？"

家长走进课堂，从"家长"的角色转换为"教师"，极大地吸引了同学们的好奇心和注意力，不仅丰富了学生的课程内容，而且也激发了孩子们的兴趣，让孩子多接触、了解不同领域的知识，更有利于他们发现自己的兴趣点。另外，于孩子们而言，自己的家长走上讲台，也是一件值得骄傲的事。家长们的精心准备，受到全班同学的喜爱和称赞，孩子们也会更自信。于家长而言，无形中，家长在孩子心中的形象又高大许多，更能起到榜样作用，增进亲子关系。同时，可以让家长们更好地了解孩子在学校的表现，及时发现问题，与老师进行良好沟通，促使孩子健康发展。

这种别具特色的课堂模式，构筑了学校、家长和孩子三方互动的平台，完善了学校、家庭、社会三位一体的教育体系，丰富了学校的课程资源，创新了教育形式，充分挖掘了家校合作的巨大潜力，有利于三方形成教育合力，促进学生全面发展。一切为了孩子！希望更多的家长参与进来，家校携手，共谱和谐乐章！

家长进课堂，幸福齐分享

美茵校区　四（1）班　赵聪丽

开学已有三个月了，按照学校的要求，开展家长讲堂校本课程。到现在为止，已经有多位家长来讲课了。看得出每位家长都进行了认真细致的准备，每个细节的设置、要说的每句话，都事先做了充分的准备，争取给孩子们带来更多、更新鲜的社会知识。家长讲堂的目的是双向的，既让孩子了解社会知识，又让家长了解孩子上课情况。让家长来当一次老师，体验一下给孩子上课的感觉，从而更好地发现孩子上课时存在的一些问题，进一步找出更好的教育孩子的方法。同时，家长来讲课，讲他们所精通的一些知识，向孩子们传授一些课堂外的知识，丰富了孩子的知识面，也符合现在所提倡的素质教育培养孩子全面发展的要求。通过这几次家长讲堂，我发现孩子们的精气神儿十足，眼睛里满是好奇和欢喜，显得饶有兴致，课堂表现也不错，看来孩子们知道在叔叔阿姨面前要好好表现呢。

学校组织的家长讲堂活动，突出了寓教于乐，从某种程度上做到了课内与课外、学习与实践、系统知识与现实生活的衔接，是"家校共建"的一个非常好的尝试。孩子们愿意看到自己的家长成为同学们崇拜的老师，而家长又能将自己的知识或技能传授给更多的孩子，收获了满足感和成就感。家校互动、师生互动、生生互动，融合在每一个教育细节中，并得以和谐统一，是实现学生、家长、老师互动共进的"三赢"活动，教育不再局限于课堂、局限于教材、局限于校园。

我觉得家长讲堂活动非常有意义也非常有趣：既让家长了解了同学们的学习状况和当老师的辛苦，也让孩子们在这次特别的课堂中收获了许多书本中没有的知识。我希望更多的家长参与到我们的家长讲堂中来，相信在今后的家长讲堂中会有更多、更精彩的画面呈现。

有趣的智能机器人

授课班级：凝碧校区　四（2）班　　家长姓名：潘浩儒　　学生姓名：潘鹏仁

家长简介：

潘浩儒，毕业于北京理工大学，研究生学历，现担任北京紫荆丰和投资有限公司副总裁。

授课主题：

有趣的智能机器人

教学过程：

一、机器人的定义

联系机器人发展初期的定义，引导孩子对定义的发展、定义精练的过程进行了解。并发散讲解国外相关技术的发展史、当前国际相关发达国家的技术状态，触发并激励孩子为中国发展进步而努力学习的斗志。

由定义引入机器人三大定律，适当地讲解机器人伦理，端正孩子对未来智能化社会伦理道德的认识。

二、机器人的分类

根据应用方向的不同进行分类，借助视频多媒体形态展示KUKA与波尔的乒乓球赛、波士顿工业的Big dog、军用多足虫、吹笛子的机器人等，直观展示各类机器人及特点。

其中，Big dog可以详细展示（时间允许或接受程度可以）相关组件、关键技术及模块。

三、机器人的构成（剖析机器人）

剖析斯坦福大学的 Ocean One，让孩子初步了解一个机器人的构成部件，尤其是主要核心部件。

四、机器人所涉及的知识（STEAM）

机器人在学校展开的相关学习及课堂形态：介绍在小高及初高中开展的 STEAM 教育，并简单展示一节典型的 STEAM 课程内容、项目管理模式等，让孩子对新型教育模式有个大致了解。

学生新知

叔叔阿姨，您辛苦了

凝碧校区　四（2）班　冯思怡

今天，有位同学的家长来给我们上家长讲堂。

主题是"养成好习惯"。1. 吃饭前洗手。2. 按时完成家庭作业。3. 按时起床。4. 要勤洗头洗澡……家长讲堂结束后，我发觉，这一次又一次的家长讲堂，就是为了让家长给同学们普及一些安全知识、良好习惯和很多有趣的内容，让同学们知道怎样遵守规则，怎样打招呼才礼貌。上家长讲堂不是让玩的，而是家长们精心准备，为同学们上的一节特殊的课。我们一定要尊重家长，上课时遵守课堂纪律。经过一次又一次的家长讲堂，我个人也学到了许多知识，虽然家长讲堂的内容不一样，但是它给我们带来了许多的帮助。我以后要做一个懂礼貌、尊敬长辈、团结同学的学生。

家长们腾出宝贵的时间，来为我们上课，我们不该感激他们吗？家长们放下自己的工作，来为我们上课，这不是为我们的班级着想吗？我觉得，我们应该将最热烈、最响亮的掌声送给他们。

家长热议

古诗的魅力

凝碧校区　四（2）班　宋雨妍妈妈

我近年比较喜欢诗词，业余的时候和孩子会一起看关于诗词的节目，所以我觉得中国的诗词不但博大精深，而且还教会了我们许多做人的道理，值得我们去传承。

所以，我就在这学期的家长讲堂中和孩子们一起去领略了一些脍炙人口的诗词。在与孩子们互动的同时，同学们热情高涨。我自己出了一些题目，在出题的时候我怕孩子们不会，把题目就出得简单了一些。没想到孩子们的知识储备非常好，在讲到各个诗人时，有一位同学让我印象深刻。像李白、杜甫，这些诗人都是同学们所熟悉的，而李贺的诗可能是我们不常见的，但他居然能说出"若个书生万户侯"的诗句，证明我们的同学中还是有热爱古诗词的，也希望有更多的同学能爱上诗词。

通过短短的三十分钟，同学们学到了一些课堂上学不到的东西，感谢学校给家长们提供的平台，让我们有机会感受到作为一名教育工作者的不易，以后的日子里我会积极地配合学校，与老师一起教育我们的孩子，使孩子健康快乐地度过他的童年。

老师这样说

集八方资源，润一亩心田

凝碧校区　四（2）班　孙利娜

家长讲堂活动是我们学校的特色课程之一，学校的教育资源有限，学生学习的内容大多来自课本，开展家长讲堂活动，主要是充分利用家长资源，让学生们拓宽视野、增长见识。

这样的课程不仅使学生们受益匪浅，对家长来说也是一种成长、一分收获。记得有一次小金妈妈在课后对我说："孙老师，这节课让我真正体会到了你们的辛苦和不容易。"而小轩家长在上完课后也对自己的孩子有了更深的了解，他没想到平时在家调皮捣蛋的儿子在课堂上如此认真、可爱。

对于我们来说，家长们的每一分感同身受都是和我们无形的沟通，对我们的工作也是一种无形的助力。随着一次次的家长讲堂，家长对我们的工作更支持了，班级工作也越来越顺畅了。

对于学生们来说，每周一次的家长讲堂是他们从周一就开始期待的。在家长们的带领下，他们开阔了眼界，增长了知识，明白了事理，从中感受到了不一样的精彩。记得有一次，小鹏的爸爸给我们带来了一堂关于"人工智能机器人"的课。课堂上，学生们兴致高涨，连平常课堂上从不发言的几个学生都大大方方地向小鹏的爸爸提出这样那样的问题。而我这个对"人工智能"一点都不感兴趣的"菜鸟"也饶有兴致地跟着学了一节课。我相信，通过这节课，他们学到的不仅仅是一点知识，更重要的是高科技已在他们心中埋下理想的种子。

如果说学校教育是一列满载希望驶向未来的列车，那么家长讲堂就是这列火车的润滑剂、助力剂。有了他们的参与、支持，我们才能集八方资源，润一亩心田。

露天煤矿的开采工艺

授课班级：凝碧校区　五（3）班　家长姓名：王方顺　学生姓名：王晋梓琛

家长简介：

　　王方顺，酷爱文学和历史，数次参加高校举办的工商管理培训，以求得更大的进步。

授课主题：

　　露天煤矿的开采工艺

教学过程：

　　一、初步了解

1. 了解煤的含义。

2. 介绍煤炭的用途。

　　二、深入学习

1. 煤炭的开采工艺。

图片展示：洞采、露天开采。

2. 详细介绍煤炭露天开采的施工工艺。

分为6个大项：①穿爆；②采装；③运输；④排卸；⑤复垦绿化；⑥施工中的细节展示。

3. 施工过程中的大型机械设备的展示和剖析讲解。

4. 不可再生能源全部枯竭对人类的影响。

①煤炭的深加工和生活中的用途；

②大型机械设备的详细参数；

③爆破的效果和危险处理方法；

④不可再生能源的全球保有量和能源匮乏带来的影响。

三、课堂总结

地球上的煤炭能源是不可再生的，因此我们要从小事做起，节约能源，保护环境，争做低碳环保小能手。

家长热议

不一样的授课方式

凝碧校区　五（3）班　王晋梓琛爸爸

唐代诗人韩愈曾经说过："师者，所以传道授业解惑也。"在新学期的家长会上，我看到了2017年度家长讲堂的排序表，我很期待又一次的家长讲堂。虽然我不是教育工作者，但是我希望把书本以外的知识点带到课堂上，通过自己的讲解，让孩子们能够了解到其他行业的知识，拓宽他们的眼界。

上一次的家长讲堂我通过电影教学的方式，让孩子们体会梦想的重要性和英语学习的必要性。这一次家长讲堂的命题和知识点的选择，我有点为难，因为孩子们又大了一岁，所接触的信息来源的方式更加多元化，求知欲更加强烈，所以我必须要慎重选择知识点。经过反复考虑，我选择了自己最熟悉的知识点：露天煤矿的开采工艺。而矿山施工的地点和工况环境，对于生活在城市的孩子来说相当陌生，还能让孩子们了解到能源的重要性和环境保护的迫切性。

时间一天天过去，终于到了周五家长讲堂的授课时间，我虽然在家里练习了好多遍，但还是很紧张。站在讲台上，孩子们的齐声问好，让我的心情逐渐平复下来。我从孩子们的眼神中看到了期待，看到了认真。打开多媒体教学，打开PPT，授课正式开始。

图片展示教学可以直观地看到每一个施工环节的具体情况，随着图片的展示越来越多，孩子们的各种问题让我应接不暇。而露天施工中各种大型设备的出现，吸引了诸多男生的目光。看到孩子们的求知欲越来越强烈，我认为这次的命题和选材是成功的。短暂的授课时间，如走马观花似的授课过程，还是让孩子们领略到了不一样的行业知识和环境保护的重要性，希望这次的讲解能够让孩子们有所收获，期待下一次的家长讲堂。

美丽的太阳系

授课班级： 凝碧校区　五（4）班　**家长姓名：** 焦弯弯　**学生姓名：** 焦义豪

家长简介：

焦弯弯，河南科技大学2014级在校大学生，大一、大二期间担任校学生会干部，获得过三好学生及优秀团员、优秀团干等多种荣誉称号。

授课主题：

美丽的太阳系

教学过程：

一、创设情境，问题导入

我们生活在地球上，对身边的事物都很熟悉，有没有同学对天空中的太阳和月亮感兴趣呢？有没有想过它们到底处在茫茫宇宙中的什么位置呢？今天我就带领大家一起来探索以太阳为中心的天体系统——太阳系。（出示课件）

二、内容讲授，学生探究

1. 认识基本天体系统。

探索太阳系之前，同学们跟老师一起先认识一下除了太阳系，还有哪些级别的天体系统。（出示课件）

①月亮围绕地球旋转。

②地球围绕太阳旋转。

③地球和其他几个围绕着太阳转的行星一起与太阳构成了太阳系。

④太阳系处在宇宙中的银河系中。

⑤银河系和河外星系一起组成了宇宙中的总星系。

2. 太阳系的成员：八大行星。（出示课件）

①八大行星：水星、金星、地球、火星、木星、土星、天王星、海王星。

②八大行星为什么没有冥王星？

3. 比较八大行星的大小。

①PPT出示类地行星合照，让学生按体积大小依次说出行星名称。

体积从大到小分别是：地球、金星、火星、水星。

②PPT出示八大行星合照，让学生按体积大小依次说出行星名称，并分别指出八大行星中体积最大的和最小的，地球排第几。

八大行星的体积从大到小分别是：木星、土星、天王星、海王星、地球、金星、火星、水星。体积最大的和最小的分别是木星、水星。地球排第五。

③看太阳系的合照找到地球在哪里。太阳的体积大约是地球的130万倍。我们之所以看到太阳这么小，是因为我们距离太阳很远，约一亿五千万千米。

4. 介绍太阳以及八大行星、矮行星、小天体的基本内容。

三、找兴趣

同学们觉得哪个行星最有趣呢？最喜欢哪个行星呢？与大家分享。

四、介绍矮行星

矮行星：与行星同样具有足够的质量，呈圆球状，但不能清除其轨道附近其他物体（没有单独的运行轨道）的天体。

五、介绍太阳系中的一种行星——小行星

小行星：太阳系内环绕太阳运动，但体积、质量比行星小得多的天体，一般没有椭球体表面。太阳系中大部分小行星的运行轨道在火星和木星之间，称为小行星带。（展示小行星带图片）

六、76年回归一次的是哈雷彗星

七、带领学生欣赏太阳系、河外星系等短片，激发学生课后自主探索太阳系的热情

学生新知

难以忘怀的家长讲堂

凝碧校区　五（4）班　焦文轩

这个学期，我们班的家长讲堂丰富多彩：探索宇宙的奥秘，未来世界的发展，良好习惯的培养，保护自己的眼睛，预防传染病，读书的重要性，动手做实验……都令我们感触至深。

还记得那一次上"探索宇宙的奥秘"，家长在讲台上讲得眉飞色舞，我们在下面听得津津有味，仿佛就在宇宙中旅行。我们先看了一段精彩的视频，了解了冥王星是一颗小行星，知道了土星为更小的岩石所包围。

还有令我觉得不可思议的掠日彗星，第一颗与太阳擦肩而过，第二颗没那么幸运了，在一瞬间四裂开来。

接下来就是发表感想，有的同学说："为什么有的掠日彗星与太阳擦肩而过，而有的却被太阳撕碎呢？"

"因为较小的掠日彗星会在接近太阳时被完全蒸发掉，而较大的彗星则可通过近日点多次，但太阳强大的潮汐力有时仍会使它们分裂。"

"那潮汐力是什么呢？"

"潮汐力就是当引力源对物体产生力的作用时，由于物体上各点到引力源距离不等，所以受到引力大小不同，从而产生引力差，对物体产生撕扯效果，这种引力差就是潮汐力，是万有引力的效果使得潮汐发生。……"

同学们的热烈讨论，家长和同学们的亲切互动，更使我对这节课难以忘怀。

家长热议

我和孩子一起进步

凝碧校区　五（4）班　焦孟忆妈妈

　　从前一直认为教育孩子很简单，觉得只要给孩子吃好、喝好、穿好，尽自己所能给她想要的东西，让她觉得快乐；别人有的她也有，不要让她觉得自己的东西比别人少；不要让她因为物质上比别人少而感到委屈；吃的东西也要尽自己所能满足她，只要她提出，都会无条件答应她。从前的我就是这样简单地认为，做到以上这些就能成为一个好家长！

　　随着孩子年龄的增长，孩子上学了，不尽如人意的事情也随之而来。望子成龙、盼女成凤的思想在我心中明确起来，这时的我认为做一个好家长就是要把孩子的学习抓上去！于是，我开始关注她的学习、分数，我的情绪也因为她的成绩上下波动着。然而，我忽略了孩子的承受能力，结果孩子的成绩一落千丈，我也苦恼不堪。

　　这时学校组织家长讲堂，聘请家长来为孩子授课，我觉得这非常好。对于孩子，家长需要有良好的心理素质和素养；教育子女是一个长期、艰巨、繁重、复杂的任务……这许许多多，让我恍然大悟，原来做一个好妈妈远比做一个好孩子难！

　　家长讲堂还教育我：为人父母，要有一颗平常心，在子女的教育上，看待子女的分数上，更要有一颗平常心！而这正是包括我在内的大多数父母所缺少的。其实想想，我们也是很普通的父母，为什么希望我们的孩子是出类拔萃的呢？也许当我们用一颗平常心要求自己的孩子时，她反倒会成为一个让我们欣慰、健康、活泼、幸福、成功的人！

　　总之，家长讲堂教会了我很多，虽然真正做起来着实不易，但我会一点一滴地去改正，努力提高自身的心理素质，与孩子一起学习，共同进步！

> 老师这样说

家校携手，共育精彩

凝碧校区　五（4）班　贾利强

学校教育如何才能争取家长的理解、支持和主动参与呢？怎样让孩子们的班级活动有效呢？我校尝试充分挖掘家长资源，扎实有效开展家长讲堂活动，让家长真真实实地加入到班级活动中，家校携手，共育精彩。

一、增进了家校之间的沟通理解

以前的家长会、主题研究课、戏剧节等活动，都是师生精心准备，邀请家长观看，向他们展示教师的工作，请他们来了解孩子在校的表现。尽管我们努力去做，但个别家长依然不太理解。

怎样改变这种情况呢？本学期我特意邀请了一些家长上家长讲堂。结束后请他们谈感想时，其中一位爸爸边擦额头上的汗水边说："我算是领教了这帮孩子，同时也体会到了你们工作的艰辛与不易。今天，面对这么多小手，我也不知道该请谁回答问题好！"另一位家长感叹道："看起来，孩子的教育光靠老师是不够的。以后应该换位思考，更需要换位行动！"家长用他们自己的切身感受，让我们的关系更和谐。家长讲堂不正为他们提供了这样一个平台吗？

二、提高了家长的家教水平

家长对孩子的教育，要么疏于管教，要么盲目溺爱，要么束手无策，要么苛刻无度……家庭教育仅凭教师耐心解答，犹如纸上谈兵，还不如真刀真枪地练上一场，让他们获得宝贵的实践经验。一位家长说："为了准备好这次家长讲堂，我查阅了大量资料，受益匪浅，才明白要想改变孩子的学习、责任心等状况，家长必须要改变，注重每个生活细节。"有的家长也深有感触："家长就是家庭教育的方向标，所以我要以身作则，给孩子做一个榜样，陪伴孩子幸福地成长！"

三、挖掘了优质的教育资源

孩子们生活在实实在在的社会中，帮助他们初步了解社会是教师义不容辞的责任。可每次我在组织这方面的活动时，总觉得有点力不从心。比如上"消防安全教育"，尽管课前也查了大量的资料，可语言依旧有点贫乏，课堂气氛始终不那么活跃。为此，我特意请来了干消防工作的焦同学的爸爸，请他给孩子们讲讲他的工作及相关的消防知识。那次活动令我和孩子们终生难忘。活动开始了，焦爸爸说："今天，我给小朋友们讲一个故事，一个真实的故事……"教室里鸦雀无声，因为那急促的电话铃声、消防队长果断的紧急指挥、队员们有序的火速行动、库房里一声声揪心的呼救声等，都被他描述得栩栩如生，而这一切无不牵动着孩子们的心……

家长利用特殊的职业和身份，弥补了教师某一方面知识的不足。不仅开阔了学生的视野，也为开展一些具体活动提供了有力的指导。

四、促成了孩子健全人格的形成

我班有个小女孩，平日性格内向、沉默寡言，喜欢独自一个人玩。可自从她爸爸来班里上过一次家长讲堂后，她变得活泼开朗了，也喜欢亲近教师，主动和同学一起玩了。

她的爸爸是一名军人，特地用精美的视频展示了军营生活，还用刚劲有力的动作、极富号召力的鼓励，给了孩子们最好的示范和鼓舞。这名小女孩也从中理解了爸爸，找到了自信。

五、推动了班级活动的开展

每周五下午，不同职业的家长走进班级，为孩子们送上精彩纷呈的一课，孩子们非常喜欢，家校共育达到了良好的合作效果。家长讲堂活动后，及时收集PPT，填写记录表，利用班级群邀请家长发表感悟，和学生感悟形成互动，长期扎实有效地开展，极大地调动了家长参与班级活动的热情。

"爱不仅仅是一种态度和表达，更是一种能力，是一种方法。"相信通过家长与教师、学校与家庭通力合作，北京第二实验小学洛阳分校的孩子一定是最快乐、最幸福的。

心存感恩

蜈蚣翻身

授课班级： 美茵校区　四（2）班　**家长姓名：** 刘端端　**学生姓名：** 焦栋良

家长简介：

刘端端，她既是一位九岁男孩的妈妈，同时也是一名小学老师。她认为，父母是孩子最好的老师，家庭是孩子成长最好的摇篮。

授课主题：

游戏"蜈蚣翻身"

教学过程：

一、明确活动规则（教师先带领一个组进行动作示范）

1. 每组学生手拉手站成一排，组成一条"大蜈蚣"。

2. 要求第一位队员依次从第二、三人拉手处，第三、四人拉手处一直到队伍最后两位的拉手处钻过去，其他队员跟随前面的队员一直钻完所有的拉手处。（每人必须严格走前人路线）

3. 在翻身的过程中，手不能断开，违规返回重做。

4. 动作越快越好。

二、活动

1. 第一轮活动。

①各组进行练习。

②各组同时进行比赛，教师与助教做好监督，让违反规则的小组及时返回重做。完成任务的小组压手喊口号庆祝成功。

各组总结活动的经验教训。

2. 第二轮活动

①规则变化：在以上的规则基础上所有人不能讲话，在他人胳膊下面钻过时不能有身体接触，违规返回重做。

②各组练习后同时参赛。

3. 第三轮活动

①活动变化：自排头开始，每人在他人拉手的胳膊上面跨过去，其他规则不变。

②各组练习后同时参赛。

三、交流分享

1. 在快速完成活动任务时，各组遇到了哪些困难？又是怎样克服的？

2. 为了尽快完成集体任务，小组内每人都会尽自己的最大努力，但每人的贡献通常不会完全相同。哪些人贡献最大？我们应如何看待他们？

四、活动小结

1. 相邻队员相对站立或者把队伍排列成S形，都会大大提高游戏成绩，同时体验到创新的乐趣。

2. 引导学生感恩他人为自己低头弯腰弓背的辛苦及体会小组团结合作的快乐。

学生新知

特殊的课堂

美茵校区　四（2）班　郭美兰

我是上个学期刚转来的，原来的学校没有家长讲堂，所以我很好奇。如今，快一年了，我对家长讲堂也有了更深的理解。每一堂课的主题都不一样，但都非常有趣，如保护环境、保护动物、节水、节电、节粮以及对宇宙的认识等。

自从听了家长讲堂，我就觉得作为北京第二实小学洛阳分校的学生，我们不仅能从课本上、书籍中获得知识，而且家长讲堂也是获得知识的很好途径。印象最深的是有位家长讲了一节关于宇宙的课，那节课真是完美，一看就是提前做了大量准备，PPT也做得非常精致。

我想轮到我妈妈上家长讲堂时，妈妈一定会用最丰富的内容、最精美的PPT，吸引全班同学的眼球，上出最震撼、最完美的家长讲堂。

我真想对原来学校的校长说，赶快开展家长讲堂吧！那一定是同学们都期待的一节课！

家长热议

家长讲堂，助力成长

美茵校区 四（2）班 魏高钰爸爸

根据老师安排，我参加了四（2）班的家长讲堂，本人感觉受益匪浅。总体有这么几点体会：

一、家长讲堂拉近了家长与孩子之间的距离。平时除了参加家长会，鲜有机会到学校近距离接触孩子。家长讲堂给了家长们一个机会，可以在教室里面对面地、近距离地同孩子们互动交流。

二、家长讲堂可以让孩子们了解掌握更多的知识。每个家长参加家长讲堂都是经过精心准备的，孩子们听了以后可以了解掌握更多的知识，开阔视野，增长见识，弥补课堂教育的不足。

三、家长讲堂让家长感受到了作为一名老师的伟大与辛苦。一个班50多个孩子，每个孩子的经历、习惯、性格不同，有的活泼好动，有的少言寡语，要让每个孩子都遵守课堂纪律、积极发言、认真听讲、把控教学的节奏，我感觉我们的老师们都非常了不起。家长们可能一年就上一节课，但是我们的老师不管春夏秋冬，每天都要上好几节课，非常辛苦和不容易。

四、家长讲堂让家长们认识到了自己的差距。家长们同样上课，有的比较受欢迎，有的效果稍微差一点。这让我深刻认识到了教育不仅是老师和孩子们的事，更是我们家长的事。对待孩子的学习家长不能当"甩手掌柜"，也要不断学习新知识，掌握新技能，不断给自己充电加压，更多地参与到孩子的学习中去。通过老师、孩子、家长的共同努力，让孩子学会做人、学会做事、学会学习、学会劳动，掌握更多的知识和本领，为孩子的理想插上飞翔的翅膀，让孩子在不远的将来都能够飞得更高、走得更远！

老师这样说

我眼中的家长讲堂

美茵校区　四（2）班　郭欣欣

临近期末考试，我们的常规工作仍有条不紊地进行着，每周五下午的家长讲堂，在各位家长的努力下，在我们各位班主任老师的鼓励中，越来越精彩。

这学期给我印象深刻的家长讲堂有很多，张浩宇爸爸的"安检知识讲解"让孩子们在体验中了解了安检的目的、知识、技巧，当孩子们手握金属探测仪做起"安检员"时，脸上的兴奋溢于言表。刘致洋爸爸精彩的"义齿制造"不但让孩子们开阔了眼界，也让我们两位班主任长了不少知识——人的牙齿一共有几颗？人的一生换几次牙？假牙（义齿）的发展过程是怎样的？——生动的讲解、精美的PPT，让全班孩子听得津津有味。郭紫璇妈妈在牡丹花会之前带来"洛阳牡丹"，通过PPT展示，我们了解了洛阳牡丹的历史、花色、品种等，这样的家长讲堂真好。叶世博的小姨在家长讲堂中引导学生了解"情绪"，以及如何控制好情绪，在游戏中孩子们兴趣高涨，在家长的讲解和引导下孩子们各抒己见，发现自己的情绪变化，并将自己化解不良情绪的小窍门分享给大家，帮助别人，快乐自己。

更多的家长讲堂，如焦栋良妈妈带来的团体合作游戏讲堂，赵晨博妈妈带来的高速路交通安全，吕鑫源家长带来的科技小制作，徐一乐妈妈教给孩子们制作美味寿司……都是那么的引人入胜！

两年的工作经历，两年的家长讲堂，让我认识了更多各行各业的家长朋友，也开阔了眼界，增长了知识，最重要的是，从家长讲堂上孩子们兴奋地回答问题、亮晶晶的期待眼神中，我能看得出孩子们是非常喜欢家长讲堂的。

我想，这就是学校育人理念的具体体现：成就精彩学生的同时，成就精彩家长，让家长成为学校教育的参与者，家校沟通自然畅通！

携感恩心，走幸福路

授课班级：凝碧校区　五（1）班　家长姓名：韩雷霞　学生姓名：刘译超

家长简介：

韩雷霞，小学教师。在孩子成长的道路上，养孩子如种花，只要父母用心呵护，用心陪伴，将来孩子一定会像花儿一样绽放出属于自己的光彩。

授课主题：

学会感恩

教学过程：

一、看视频（一个人如何成长）

同学们，我说一个英语词组，看看大家知不知道它的中文含义，Thanksgiving Day，对，是感恩节。大家知道，美国把每年 11 月的最后一个星期四定为感恩节。在这一天，具有不同信仰和不同背景的人们，会按照习俗前往教堂做感恩祈祷，感谢上苍一年里对自己的恩赐和惠顾。我们中国也有"感恩"的传统，像"滴水之恩，涌泉相报""谁言寸草心，报得三春晖"都是很好的写照，但严峻的现实是，现在有不少学生令人遗憾地成了不会感恩、只知道汲取的"冷漠一代"。我希望同学们以此为契机，学会感恩，刻苦学习，拼搏进取，来回报父母、老师和社会。

二、现场调查

我们对父母了解多少呢？下面进行现场调查。

问题：

1. 你母亲的生日是哪一天?

2. 你给父亲买过生日礼物吗?

3. 你父亲多大？属相是什么?

4. 你父亲喜欢喝白酒吗？他一般喝什么牌子的?

5. 你父亲喜欢吃的菜是什么?

通过刚刚的调查我们发现，并不是每个同学都十分了解自己的父母，可是反过来如果被问的是父母，不用调查也会知道结果，父母对我们的一切记忆得都很深刻！

三、我们还应该感谢哪些人呢

老师的工作是辛苦的，每天起早贪黑，兢兢业业，认真备好每一节，精心上好每一堂，耐心辅导每一个自习，可我们又是怎么回报老师的无私奉献的呢？是不是有时候也充满着不理解甚至埋怨呢？其实我自己也曾经不理解过老师，对朋友有时候也有着这样那样的不满，但我相信从今天开始，同学们会和我一样，充满着一颗感恩的心来对待我们的老师、同学和朋友。

四、做一个感恩的人

一起做一个感恩的人吧！感恩父母，感恩老师，感恩社会……这是我们共同的宣誓，从我做起，从现在做起。（放音乐《感恩的心》）

五、如何感恩（做一件力所能及的事）

1. 给远方亲人写一封信。

2. 每天为家里做一件家务。

> 学生新知

我的妈妈来讲课

凝碧校区　五（1）班　徐诺

今天，我妈妈来上家长讲堂，我真是受益匪浅。她讲得主题是：吉尼斯世界之最。

通过上课，我知道了：世界上最早的鸟是始祖鸟，足球迷最多的国家是意大利，世界上最受欢迎的旅游胜地是法国，世界上最懒的鱼是印鱼，世界上最热的国家是科威特……

你们知道世界上最有钱的女王是谁吗？都不知道了吧。告诉大家吧。就是英国的伊丽莎白二世女王，她是世界上最有钱的女王了，因为她登记的财产有1.23亿美元，她有8座宫殿，还有30万英亩土地，她自己一个人每年仅靠出租王室产业就能得1800万美元。可以说伊丽莎白二世女王是世界上最有钱的女王了。

下面来说说中国的"世界之最"吧。神奇的东方国家，诞生了无数个"世界之最"：巍然耸立的珠穆朗玛峰，享有"地球之巅"的美誉；最长的城墙万里长城，犹如一条威武的巨龙，连绵起伏，是中国乃至世界建筑史上的奇迹；最大的瀑布黄果树大瀑布，是世界上唯一可以从上、下、左、右、前、后六个方位观赏的瀑布；世界军事史上最长距离的行军，当数中国工农红军进行的"二万五千里长征"……无论是冰峰还是海洋，陆地还是宇宙，历史还是民俗，自然还是科学，一个个"世界之最"在我们眼前一一呈现！

我妈妈还在课堂上讲了一种植物，它有一个圆鼓鼓的大肚子，可以吸收好多好多的水，最大的树干能储存2000千克水，就像一个小水塔。口渴时，在树的"肚子"上割一个小口，插入一根吸管就可以直接饮用了。更惊人的是，砍一棵能满足一个四口之家半年的饮水需求。它就是贮水本领最大的树——纺锤树，被人称为"储水树"。

　　大自然真是个奇妙的世界，有许许多多的稀奇植物，让我们一起去细心观察、探索其中的奥秘吧！

　　哈哈，这堂课我妈妈讲得太精彩了，同学们听得都如痴如醉。下课铃响了，同学们还意犹未尽，期待妈妈再一次登上讲台。

让爱伴随你我他

授课班级：凝碧校区　五(4)班　家长姓名：姚松松　学生姓名：焦思奇

家长简介：

姚松松的家庭教育理念是：孩子在学习，我也在学习，努力当一个好家长，与老师做好沟通，与孩子做好沟通。

授课主题：

让爱伴随你我他

教学过程：

一、导入

在我们成长的过程中，家是我们成长的摇篮，是温馨的港湾。在家里，我们能感受到与亲人相处的温馨和幸福，能感受到亲人之间的关爱与包容。但是对留守儿童而言，他们的心酸和关爱你能体会多少呢？

1. 你了解的"留守儿童"指哪种类型？学生同桌之间讨论。

2. 家长根据学生回答引出"留守儿童"的含义。

留守儿童，指父母不在身边，也就是孩子跟随爷爷奶奶、外公外婆或其他亲戚甚至一个人生活、学习的儿童。这么说，在我们周围有哪些留守儿童，有多少留守儿童呢？学生在小组内交流。

二、问卷调查(留守儿童填写)

1. 几次没交作业？上课是否能积极回答问题？

2. 一天或一星期花多少零花钱？

3. 一年能和父母见几次面，通几次电话？

4. 作业是谁辅导的？

5. 兴趣爱好有哪些？你喜欢谁？

6. 理想是什么？你现在最需要什么？最想得到什么？

7. 你想对学校说点什么？

8. 在金钱和父母的关爱方面你选择什么？

三、小结

通过问卷调查，我们发现留守儿童普遍存在一个问题，那就是对亲情的渴望。我们应消除鄙视务工人员及其子女的观念，加强对劳动的尊重，对务工人员及其子女的尊重。

四、看了幻灯片之后，你们有什么感想？

五、留守儿童朗诵《爸爸妈妈，我想对您说》

问：听了他们的肺腑之言，你想说什么？（让学生体会留守儿童的孤独、寂寞）

六、落实行动帮助留守儿童

同学们，我们共同生活在一片蓝天下，同在一个班集体里，团结友爱，不分彼此，远离父母的留守同学需要更多的友爱，作为大家庭里的一员，关心、帮助留守同学是我们义不容辞的责任。我们能为留守儿童做些什么呢？

七、总结

同学们，让我们携起手来，在爱的蓝天下，共同走进灿烂的明天！从现在开始，我们用心去关爱留守儿童，用情去感动他们，用爱去温暖他们，使他们拥有和其他孩子一样明净的天空，在美好的花季放飞理想和希望。

感恩——母亲节快乐

授课班级：凝碧校区　六（4）班　家长姓名：孟丽平　学生姓名：吴桐树

家长简介：

孟丽平，是一名中学地理教师，热爱生活，喜欢看书、旅游。平时注重对孩子的教育，经常和老师沟通，积极参加学校组织的各项活动。

授课主题：

感恩——母亲节快乐

教学过程：

一、讲述英语单词 mother 每个字母的含义。

二、讲述母亲节的由来、节日献花——康乃馨。

三、学生背诵描写母爱的诗词——《游子吟》，播放古代关于母爱的小故事——"孟母三迁""岳母刺字"。

四、播放动物界有关母爱的温馨画面，讲述羊羔跪乳和乌鸦反哺的故事。

五、回忆从小到大母亲为我们做的点点滴滴，等到她变老的时候我们应该怎么做呢？

六、妈妈，您辛苦了！我想对您说……我想给您唱支歌……全班同学起立，合唱《世上只有妈妈好》。

七、活动

1. 孝道试卷测试（20题），检测同学们对父母的了解程度。

2. 学生讨论交流，在以后的生活和学习过程中怎样用实际行动回报父母。知恩图报——用实际行动帮妈妈做些力所能及的事情。

八、教学反馈

同学们,"树欲静而风不止,子欲养而亲不待。"通过今天的德育活动课,同学们真正意识到了父母的伟大和无私,也懂得了如何去孝顺父母,让我们从现在做起,从点滴做起,好好学习,感恩父母,感恩社会,感恩祖国,为实现中国梦,实现中华民族的伟大复兴而努力奋斗。

九、课后作业——知恩报恩

1. 给父母写一封信,抒发对父母的感激之情,可以把一些平时不好意思说出口的感谢妈妈的话大胆表达出来。

2. 帮妈妈做一件力所能及的事(如洗衣、做饭、拖地等)。

3. 开展一次感恩卡制作活动:自制一张送给父母的感恩卡,向父母说一声谢谢,道一声辛苦,送一句祝福语。

家长热议

家长讲堂,孩子的乐园
凝碧校区　六(4)班　杨函霖妈妈

为了进一步做好家校工作,儿子就读的北京第二实验小学洛阳分校开展了一系列活动,家长讲堂成为学校的一道亮丽的风景线。

如今的孩子有着强烈的求知欲,从事各行各业的家长是一个丰富的教育资源,也是学校之外一支特殊的教师队伍。家长走进课堂,拉近了老师、孩子、家长之间心灵的距离。如果说孩子是一只小鸟,而家校教育的合力,则如同鸟儿飞翔时必不可少的一对翅膀,只有同上下,同方向,才能使鸟儿飞得更高、更远。

家长讲堂活动是一项任重而道远的工作,自从活动开展以来,班上每一位同学的家长都认真准备,积极报名参加。不同的孩子来自不一样的家庭,为了孩子的健康成长，妈妈们的陪伴相比较而言是较多的，更多的妈妈为了照顾自己的宝贝，甚至当起了全职妈妈。在生活中，她们可以说是无所不能，陪着孩子穿梭于各种兴趣班，为孩子准备可口的饭菜，妈妈们本身就蕴含着无穷的智慧。在家长讲堂活动开展之前，班主任丁老师和赵老师都会有针对性地了解家长们的"特殊本领"，诚挚地邀请大家参与活动，将自己的特长融合到形式多样的教育活动中。

在家长讲堂活动开展的过程中，老师们用自己的专业知识帮助家长梳理教学流程，突出重点，使家长不仅了解了学校的教育理念及教育方式，而且了解了孩子在学校里的学习和生活。利用家长讲堂这个平台，更好地与老师沟通交流育儿心得，增进对孩子的了解。课程涉及的范围也越来越广，上课的方式越来越为孩子们所喜爱和期盼。这样有益的活动，不仅促进了孩子的发展，而且达到家校共育的效果和目标。作为家长，我们也一定会坚持下去！借助家长讲堂这个平台，孩子们会飞得更快更高。

蛋挞之旅

授课班级：凝碧校区　六（4）班　家长姓名：付雪珍　学生姓名：赵怡歆

家长简介：

付雪珍，性格热情开朗，做人善良真诚，工作勤勉上进。在不断的学习中，慢慢陪孩子成长，力争做个榜样妈妈。

授课主题：

制作蛋挞

教学过程：

一、导入

由"半个蛋挞的故事"展开感恩教育。

二、边讲解边演示蛋挞的制作过程

1. 烤箱预热：温度220℃，时间10分钟。

2. 在打蛋器中放入淡奶油和牛奶搅拌。

3. 分3次加入细砂糖，搅拌至融合，倒出待用。

4. 在打蛋器中放入蛋黄搅拌。

5. 把前两次搅拌的液体放在一起再搅拌1分钟，然后倒出并过滤，把过滤好的蛋挞液倒入蛋挞皮中，七分满即可。放入烤箱，25分钟后待蛋挞中有焦黄色点即可。

三、总结

这节家长讲堂，让全班同学现场对辛勤的老师进行了感恩敬师答谢仪式，引导学生在家更要做个孝顺、有担当的好孩子。时至小升初的关键时期，告诫学生要努力、加油、拼搏、冲刺，用心做更好的自己。

四、教学反馈

现场分享给每位同学一个蛋挞，正如开头导入的感恩故事"半个蛋挞的故事"所预料的一样，有的同学用餐巾纸把它包起来要带回家给妈妈吃，有的同学要带回家给弟弟妹妹吃，现场感人气氛弥漫着。当天晚上班级群里便呈现出帮家长洗碗、拖地、擦油烟机等感恩孝亲的画面，再次收获到同学们的进步。我为你们感到自豪，感到骄傲。

学会感恩，走近父母

授课班级：凝碧校区　六（5）班　**家长姓名**：李亚静　**学生姓名**：杨钦博

家长简介：

李亚静，老城区坛角小学教师，被评为老城区优秀教师，市、区级优秀班主任，老城区优秀党员，执教的语文课被评为市一等奖。

授课主题：

学会感恩，走近父母

教学过程：

一、导入新课

是谁，把我们带到这个美丽的世界？是谁，呵护我们、保护我们、照顾我们？是我们的父母！可是，现在你是否觉得父母和你们之间的距离在慢慢地拉大。你和父母是否已经没有了亲密感？今天，就让我们来学习如何走近父母。

二、出示一些图片

1. 不顾父母劝阻，长时间上网或玩手机游戏，荒废功课。

2. 放学迟迟不愿回家，贪玩。

3. 经常"煲电话粥"。

除了以上情况，你是否还有不愿与父母外出，或长时间看电视，或与父母争吵等情况？

请同学讲讲与父母还有哪些地方关系紧张。

如果你有以上情况，父母会如何惩罚你？请同学们说说被惩罚后的感受。

被父母惩罚、责骂或者打，你会觉得父母很不近人情。让我们站在父母的角度上看看，学会换位思考。

三、从父母角度看

请一个同学朗读毕淑敏的《孩子，我为什么打你》。

四、从自身找原因

是的，打与不打都是爱，那么在被打事件中，你有没有做错？请曾经被父母惩罚过的同学说说自己做错了什么。

五、小组活动

算一算：父母每天要为家庭做多少事？付出多少时间？

想一想：父母容不容易？你有没有分担父母的艰辛？

议一议：你认为谁的父母最理想？

说一说：拥有"最理想父母"的同学说说自己父母的"不是"。

讨论：可以调换父母吗？

六、怎么与父母交流

既然父母不能调换，我们就一定要包涵、接纳自己的父母，并尽量和父母多一点交流。我们该怎样和父母交流呢？

1. 老师说说自己与父母交流的情况。

2. 学生说说自己与父母交流的情况。

由此可见，我们与父母的关系并非不能改变，父母也不是不近人情的，他们也在关心我们，也在想办法走近我们。那我们就该主动走近父母。

七、走近父母的方法

1. 多向父母表达你爱他们：主动承担家务；纪念日、节日送点小礼物；遇到特别情况写一封信表达感激；适时为父母倒杯茶，削个水果。

2. 和父母有分歧时学会换位思考，站在父母的角度想一想。

3. 应让父母感觉你相信他们，多交流并经常给予赞美。多向父母说说自己的情况，自己的愿望；多倾听父母的话；遇上烦恼，告诉父母，寻求父母的帮助。

4. 回家和外出主动向父母打招呼。

5. 只要能理解父母，你就和父母走近了。

八、牢记感恩格言

对孩子来说，父母的慈善的价值在于它比任何的情感都更加可靠和值得信赖。——罗素

我们有谁看到从别人处所受的恩惠有比子女从父母处所受的恩惠更多呢？——色诺芬

九、布置作业

1. 做一个表格，列举父母工作之余为家庭做的事、花的时间。

2. 给父母送一张卡片，表达你对他们的爱。

3. 平常多为父母倒杯水或分担一些家务。

知识启蒙

体育篮球课

授课班级：美茵校区　三（4）班　家长姓名：田玲玲　学生姓名：王嘉媛

家长简介：

田玲玲，研究生学历，硕士学位，在河南科技大学体育学院任职，主要教授大学公共体育篮球课程。

授课主题：

小学三年级体育篮球课

教学过程：

一、课堂常规

1.集合整队；2.师生问好；3.检查服装；4.宣布课的内容和任务。

二、准备活动

1.头部运动；2.肩部运动；3.手臂运动；4.俯身摆臂；5.膝关节；6.后踢腿；7.开合跳；8.侧压腿；9.熟悉球性。

三、原地运球

1.学习原地运球动作要领。

口诀：大章鱼，张开手，吸住篮球戴帽子。

动作：两脚前后站立，屈膝向前看。

2.各种原地运球的姿势。

四、游戏：春种秋收

方法：将学生均分成9组，每组学生把球送到指定的位置（播种），然后原地做5次运球（浇水），接着抱球做5次蹲起（施肥），最后抱球回到起点（收获）。

比比看哪一组做得快，组织得好，纪律好。

五、下课准备

1. 放松练习。

2. 整理集合，课堂小结。

3. 回收器材，下课。

学生新知

家长讲堂，让我们的童年不一样

美茵校区　三（4）班　金奥祺

每周我都很盼望过周五，因为每到周五下午就迎来了我特别喜欢的家长讲堂。三年来，风雨无阻的家长讲堂给我补充了书本上没有的知识。有的家长给我们讲了山区孩子们的艰苦生活，让我们懂得了节约、感恩；有的家长给我们讲了一些简单的急救知识，让我们在突遇危险的时候，能够做一些简单处理；有的家长讲了保护牙齿的知识；还有的家长讲了有趣的折纸……

子奥爸爸给我们带来了关于保护牙齿的很多知识，还给我们每人发了一个精致漂亮的小沙漏。它就像我的一个好伙伴，每天早晚都提醒我要耐心刷牙三分钟。我还把这些知识普及给了爸爸妈妈，让他们也跟着我一起每天好好刷牙，保护好牙齿。

悦畅爸爸给我们讲了山区孩子们的艰苦生活。他们用的铅笔用到拿不住也不舍得扔掉；他们在没有水喝的时候，就去深沟里一点一点地舀浑浊的水来喝；他们穿的是布满补丁的衣服；他们画画的时候，几根枯树枝就是他们的画笔，光秃秃的土堆就成了他们的各种画纸。听完这节家长讲堂，我觉得自己更应该珍惜现在优越的学习条件，努力学习。

欣怡妈妈给我们带来了关于鸡蛋的几种做法。在课堂上，我还被阿姨邀请到讲台上把鸡蛋敲开，放入锅里，好稀奇呀。每到周末，我都会用学到的鸡蛋做法简单地给爸爸妈妈露一手厨艺，受到了他们的夸奖。

还有关于高铁、化学、习惯养成等各个方面的知识，这些都给我留下了深刻的印象。每次家长讲堂结束回家的路上，我都要兴致勃勃地给妈妈讲一路。我也会把同学们感兴趣的事情讲给爸爸妈妈听，让他们搜集这方面的知识，做成吸引同学们的PPT，到学校讲给同学们听。

感谢学校为我们开设了这么有意义的家长讲堂，让我们接触到更多的书本上学不到的知识，开阔了我们的眼界，让我们的校园生活变得丰富多彩，给我们留下了更多的关于童年的美好印象。

家长热议

与孩子一起学习，共同进步

美茵校区　三（4）班　王嘉媛妈妈

作为一名北京第二实验小学的学生家长，感觉学校的家长讲堂深受学生和家长们的喜爱和支持。每个家长发挥自己的特长，给孩子们带来一次次精彩纷呈的知识盛宴，真的是非常有创新意识，希望能一直坚持下去。

在这学期一开始就看到老师排的家长讲堂次序表，又轮到我了，同样作为老师的我，很期待有这样的机会跟孩子们交流。由于安排的是在学期快结束的时候，所以我准备的时间比较充裕。今天上完课，感受颇深。

第一，选择主题。我的专业是体育教育篮球专项，主要从事篮球课的教学，篮球运动又是一项深受广大青少年喜爱的运动，因此，这次我选择小学体育篮球课教授。

第二，教学实施。在本次课中通过导趣，引导学生乐学；通过导思，引导学生活学；通过导法，引导学生会学；通过导做，引导学生善学。同时寓教于乐把课堂活动提高到一个新的水平。在这堂课中我设计了两个内容，一是学习原地运球，讲解示范正确动作，让学生体会发力点和动作的协调性，在学生练习的过程中及时指出错误动作，及时纠正。同时改变练习形式，使学生们不会感到枯燥，能尽快掌握正确动作。第二个内容是游戏。在第一个内容的基础上，设计巩固原地运球的游戏 "春种秋收"，以故事的形式引出游戏的规则，吸引学生练习的兴趣。学生通过游戏提高技能的同时培养了团队协作意识。

通过这次与孩子们的亲密接触，我发现做一个好家长要有良好的心理素质、良好的道德情操、乐观的幽默品性、克服困难的勇气、持之以恒的韧性，还要有驾驭自己情感的能力。

情感词语的表述

授课班级：美茵校区　三（8）班　家长姓名：张丽娟　学生姓名：张桓睿

家长简介：

张丽娟，洛阳理工学院电气工程与自动化学院教师，副教授，河南省师德先进个人，洛阳理工学院青年学术带头人。

授课主题：

情感词语的表述

教学过程：

一、欣赏视频《贺特二人组》，感受父与子之间无条件的爱。引出下述话题：

1. 父母是否爱你？

学生讨论，找一两个学生举出具体事例，表达自己的情绪。

2. 在和父母、朋友的沟通中，正确表达自己的情绪非常重要。

二、讲述两个小故事，让同学们描述主人公的情绪（这时会发现同学们描写情绪的词语非常少，基本都是高兴、快乐、难过、生气……）。具体过程如下：

1. 请两个同学有感情地读出小故事，说出主人公的情绪。

2. 其他同学补充。

3. 同学们用记号笔在便利贴上写出，分两栏贴在黑板上。

三、带领学生学习两类不同的常用词语。

词语难易程度不同，每个同学根据自己的情况进行理解。

注意：这些词语随着年龄、阅读能力的增长，可以不断增加。

四、请同学们补充完善两个小故事中的情绪，体会不同词语所表达的心情，指导学生用已学的词语准确表达情绪，鼓励学生补充新词语。

五、特别要强调：每个同学都是独一无二的，对每件事情的体会也不一样，要用心体会心情，提炼（积累）词语，能够准确表述自己的情绪，提高和他人的沟通能力。

学生新知

一堂特别的课

美茵校区　三（8）班　牛奕霖

我们学校有一节特别的课——家长讲堂。每个星期五下午的时候，我们都会非常兴奋。同学们都会想：今天是谁的家长来上课？又会给我们上什么内容的课呢？

今天的家长讲堂是李承霖的妈妈来给我们上课，她给我们带来了一节关于太阳的课。阿姨在讲台上绘声绘色地讲，我和同学们都在认真地听。阿姨给我们讲了太阳在银河系的位置、照耀地球的时间、太阳的作用，太阳能是我们地球的一种能源。太阳的能源耗尽的时候，它就有可能会吞噬旁边的星球，那些星球又会变成它的能源，它有了这些能源，热量就更大了，能源过大，热量提高，把热量提升到2000摄氏度，就会把地球的一切毁灭……讲的过程中，阿姨还时不时地提问题，我们都积极举手发言。在不知不觉中，愉快的一节课结束了。大家听得意犹未尽，原来，太阳还有这么多我们不知道的秘密。

家长讲堂会给我们带来不一样的内容，让我们可以学到更多的知识。我非常喜欢家长讲堂！

家长热议

家长讲堂，走进孩子的世界

美茵校区　三（8）班　王北辰爸爸

初次接触家长讲堂，原本以为是让家长去给学生讲课，传授社会知识，增长孩子见闻，传道授业自然是第一位的。到了课堂上，我才发现孩子们的活跃程度远远超出了我的想象。孩子们异常活跃，当我提出一个问题时，立刻就有无数只小手举起来，一个同学回答了，立刻就有别的同学补充。整节课自始自终在欢声笑语中度过。

本来我准备为孩子们讲授"小学生安全预防与自救小知识"，可面对孩子们的热情，我及时改变方式，把讲堂完全让给孩子，不断地让他们上来回答问题，朗读安全预防与自救的小知识，充分满足他们的表现欲望。我在一旁，仔细观察孩子们的表现，发现有的孩子表现欲很强，积极主动，多次登台。而有的孩子则有点犹豫，这时我就合理地引导、鼓励，最终让他勇敢地站到讲台上，极大地增强了孩子的自信心和战胜自我的勇气。

这个时候，我才明白，家长讲堂给了我们家长一个近距离观察孩子的机会，一个走进孩子世界的机会。在没有压力、轻松自由的环境里，孩子们充分展示了天真烂漫、活泼可爱的天性和童心，展示了一个本应具有的童年时代。家长讲堂，不在于讲授知识，而在于近距离地接触孩子，感受孩子的真实天性，这或许就是开设家长讲堂的真实意义吧。

家长讲堂，陪伴孩子成长

美茵校区 三（8）班 张涵钦妈妈

今年3月，我非常有幸参加了班里的家长讲堂活动。给三年级的孩子们上课，对我来说特别有挑战性。选了几个课题，经过深思熟虑后，我最终确定给孩子们上一堂关于"神奇的海洋动物"的科学课。

进入教室站在讲台上的那一刻，我的心情无比忐忑，简单进行自我介绍后就正式开始了讲课。孩子们一个个都很兴奋，每个人的眼睛都是亮晶晶的，充满着求知的欲望。看到孩子们天真可爱的小脸，我的心情也慢慢平复下来，整堂课在轻松活泼的氛围中进行着。孩子们对于我的每个提问，都特别积极地配合呼应，整节课堂展现得特别生动有趣。当下课铃声响起时，我竟然有种意犹未尽的感觉。

通过这次讲课，我有很多感触。首先，我切身体会到了老师们的辛苦，对于这一堂课，我在家准备了好久，而老师们天天都是如此辛苦，才能让孩子们每天都那么开心、快乐地度过学习时光。而且，老师还要顾及每个孩子的情绪，不能顾此失彼。实在是太不容易了！其次，我充分感受到了课堂上孩子们活泼可爱的模样，他们单纯聪明，积极认真，求知欲强烈，喜欢学校，热爱班级。这也使我进一步了解到了我的孩子在群体学习生活中的具体情况，发现了他身上我不曾看到的一面，为我以后教育引导孩子提供了参考。

我真的很感谢学校和班主任朱老师、王老师，是他们建立起了这样一个好的平台，将家长请上讲台，参与见证孩子的成长。为家长树教育之威，为孩子树学习典范。这样的家校沟通，有创意，有爱意，更有效益。希望能有更多的家长参与到家长讲堂的活动中来，身临其境地感受一下老师们的不易和孩子们的努力，积极配合学校和老师进行有效的家庭教育，给予孩子们更多的关怀。

> 老师这样说

开展家长讲堂，架起家校沟通的心桥

美茵校区　三(8)班　王焕丽

苏霍姆林斯基说过：生活向学校提出的任务是如此复杂，以致如果没有整个社会首先是家庭的高度的教育学素养，那么不管教师付出多大的努力，都收不到完美的效果。因此，学校和家长如何密切合作，形成教育的最大合力，已经是每一个教育工作者和家长不得不关注的十分重要的现实问题。在开学初，我和朱老师就对家长资源进行调查统计，并针对学生的教育需求做出合理的建议，然后根据学生教学重点进行筛选，与家长取得联系，征得对方的同意后，制订出本学期的家长讲堂计划，并根据家长的工作排出相应的时间表，这样家长就可以做好充分的准备。确定主题之后，就开始写讲稿。家长的讲稿写好了，会以电子邮件的方式传给老师，让老师适当地把关，以确保家长讲堂的实效性和合理性。

一堂生动的家长讲堂使学生受益匪浅，经久难忘。有的家长介绍了自己年幼时艰苦求学、靠劳动自立的独特经历，使学生懂得了劳动的意义。有的家长向学生提出"你摔倒后妈妈会怎么做"的问题，最后得出从小要为自己负责的观点。有的家长还向学生举例说明在家中做错事该怎么办，并以自己孩子的事例同大家分享。有的家长为学生讲创业的艰辛和不屈的经历，使学生受到触动。有的家长讲到自己小时候生活条件的艰难，并对学生进行励志教育，令学生动容。有的家长介绍自己守信的事例，阐明了舍小利、获大义的道理，令学生称道。有的家长通过讲述自己的父母亲的真实故事，让学生讨论我们能为父母做些什么的问题，引发了学生深深的思考。例如我们班王炳森的家长根据现在孩子在家多是独生子女，受到家长的娇惯，不太懂得感恩的特点，给孩子们做了"学会感恩"的主题。这位家长认真地查阅资料，把《汉语词典》《牛津字典》中关于"感恩"的定义都查出来,讲给孩子们听,其中还引用了美国前总统罗斯福的一个故事。他家进了小偷,丢了很多东西,可他依然可以在给朋友的信中这样说:"感谢上帝:因为第一,贼偷去的是我的东西,而没有伤害我;第二,贼只偷去我的部分东西,而不是全部;第三,最值得庆幸的是,做贼的是他,而不是我。"孩子们瞪大眼睛迷惑了,也开始思考了。接着家长又把引自2008年1月《参考消息》上的一篇短文读给大家听,题目是"知足与感恩"。文章的大意是:如果你从未体验过战争的危险,你就比全世界五亿人幸福。如果你能安然前往教堂而未被跟踪、绑架、拷打或者暗杀,那么你就比全球三亿人自由。如果你衣食无忧,居有定所,那么你的生活水平高于全世界百分之七十五的人。如果你银行中有储蓄,钱包里有零钱,那么你是整个世界中百分之八生活优越的人之一……同学们暗暗一对比,就发现原来自己是多么幸福,多么应该感谢生活,感恩之心被激起。互动时就有很多的孩子纷纷表达自己的感恩之情,有的表示应该感谢爸爸妈妈、老师,是他们养育、教育自己不求回报;有的表示要感谢同学的热心帮助,平时自己却不把这些当回事儿;有的表示要感谢清洁工人,为我们打扫出一座整洁的城市,以一人脏换来万人净……气氛十分热烈,回到家还有很多同学主动写了感受,老师也趁热打铁,让孩子们写感恩日记,记下每天需要感恩的人和事,于是,洗手的时候感谢自来水厂的叔叔阿姨,吃饭的时候感谢农民伯伯,坐在干净的教室上课感谢做值日的同学……

家长上讲台给孩子们上课,这种活动既让家长了解了学校,也把家长的专业知识和技能展示给了学生,丰富了课程内容,提高了家校教育水平。家长也有更多的时间和机会了解、参与学校教育,对学校教育给予更多的理解与支持。家长讲堂就像一座桥梁,使更多的家长走进课堂,把更多的关爱带给学生,学校与家长之间形成了一种看不见的教育合力,来共同关注孩子们的成长。作为教师,我们要让优质资源走进学校,搭建一个教师、学生、家长交流共享的平台,家校共育,让课堂更精彩。

家长讲堂,让精彩绽放
美茵校区 三(8)班 朱琪

  家长讲堂,是北京第二实验小学洛阳分校的特色课程,是沟通家长和学校的重要渠道。对于学校的学生而言,学校和家庭是最重要的环境。如果缺失任何一方,孩子的心理发展都是不健全的。家庭是孩子的第一所学校,父母是孩子的第一任教师。但是,如果学校和家庭断裂开来,对于孩子的成长也是非常不利的。所以我们必须和家长联系、沟通,以便相互了解和理解,在教育孩子方面达成共识,形成教育合力。家长讲堂,就为我们提供了一个非常好的平台。

  开学初,我们跟家长沟通,合理安排每周的家长讲堂。每一周,我们也会提前与家长联系,沟通授课内容。刚开始,家长们总是很为难,因为以前没有做过这个事情。我们最常听到的话就是:"老师,我什么也不会,不知道讲什么好,能不能不让我讲。"思虑过后,我会告诉这些家长:"讲什么内容不重要,重要的是孩子们都非常期待您的到来。站在讲台上看看您的孩子在学校和在家里不同的一面,相信您一定会有所收获。"沟通过后,这些家长往往会给孩子们带来不一样的惊喜。

  有些家长也会向我咨询,讲什么内容合适。最初,我也很迷茫,不知道该给家长提什么意见。经过沟通,我们达成共识:如果自己有特长,就给孩子们讲讲自己擅长的知识,比如电脑知识、天文知识、插花艺术;如果不知道讲什么,就结合班级情况,孩子们需要什么就讲什么,比如文明礼仪知识、学会感恩、安全知识、逢年过节的节日介绍等。当然,从事什么工作,可以给孩子们带来与自己工作相关的知识，比如医生给孩子们带来的关于人体骨骼的知识，地理老师给孩子们带来的关于火山的知识，牡丹花会时给孩子们带来关于牡丹的知识……

学校教育离不开家庭教育的配合，家庭教育与学校教育的交叉点，就是家长讲堂。通过家长讲堂，不仅能让孩子们学到更多的知识，更让家长看到了孩子在校的表现。只有加强家校联系，家长和学校在教育孩子的方式方法上统一思想，教育才能达到事半功倍的效果。

家长讲堂，为我们架起了一座沟通学校与家庭的桥梁。加强家校联系，用爱心促进孩子健康成长，使其绽放属于他们自己的精彩！

《亲爱的小鱼》绘本阅读

授课班级：凝碧校区　三（5）班　**家长姓名：**薛敏　**学生姓名：**米乐

家长简介：

薛敏，一贯支持学校与班级的建设，积极配合学校的各项活动，是学生心目中的好妈妈，是老师的好帮手。

授课主题：

绘本教学

教学过程：

一、出示绘本图书，激发阅读兴趣

1. 展示绘本封底，引导猜测这一片蓝色是什么。

2. 展示扉页 PPT 图片：小猫在干什么？

3. 设疑，介绍故事题目：究竟是发生了什么事情呀？让我们一起来看看故事《亲爱的小鱼》。

二、多形式阅读绘本，理解故事内容

1. 集体阅读，初步感受小猫和小鱼之间爱的情感。

①师生互动：学一学小猫和小鱼打招呼。

②角色模仿：学一学小猫的话。

③小猫很爱小鱼，它是怎么爱小鱼的呢？它会怎么对小鱼说？

角色体验：我们都是小猫，一起来表达对小鱼的爱。

④鱼缸里的小鱼发生了什么变化？小猫是怎么想的？如果你是这只小猫，你会怎么做？

2. 联幅阅读，感受小猫和小鱼的不同情感变化。

①重点指导、讲述图片内容。

理解"自由"的含义。

小猫和小鱼的心情是怎样的？

小鱼走了以后，小猫是怎么做的？怎么想的？

②游戏互动，情感体验。

小鱼快活地在大海里游戏。

小鱼离开了小猫，我们陪小猫一起等一等吧。

如果你是小猫，你现在最希望什么？你会想一个什么办法？

③接下来会发生什么事情呢？请小朋友们到书本里去找一找。

3. 自主阅读，进一步感受小猫和小鱼之间的感情。

①分图讲述、讨论阅读结果。

小猫想了一个什么办法？为什么？

小鱼是怎么做的？它们的心情是怎样的？你从什么地方看出来的？

②自由讲述。

小猫和小鱼在一起做了什么事情？

三、完整感受，理解绘本故事中的浓浓爱意

1. 画面对比，重点解读，提升情感。

小猫和小鱼在干什么？故事什么时候也出现过这样的画面？前后两幅画分别藏着谁对谁的爱？

2. 内容回顾：让我们来说说故事中的爱是什么。

四、活动延伸

1. 现在，让我们带着这个好看的故事，去和亲爱的朋友们一起分享吧！教师和孩子进行语言和动作的互动演示，感受小猫和小鱼之间的感情。联幅观察图片，和孩子一起阅读，从图片中感受小鱼的心理变化。

2. 师生共同游戏。

3. 让孩子自主阅读,给孩子猜想的空间和时间,同时让孩子自己学着去看懂图书,思维会更开阔一点,使孩子的阅读更个性化一点。

4. 看看、想想、说说提高了孩子的阅读能力和孩子的语言表达能力,同时也进一步感受到了小猫与小鱼之间的情意。

5. 再一次感受小猫与小鱼之间的情意。

春暖花开鸟语香，正是读书好时光

授课班级：美茵校区　四（3）班　家长姓名：胡庆华　学生姓名：李东钰

家长简介：

胡庆华，毕业于中国传媒大学，现任洛阳移动公司党委办公室副主任。她认为，良好的家校互动是最有效的教育方式之一。

授课主题：

春暖花开鸟语香，正是读书好时光

教学过程：

一、借用董卿《朗读者》"遇见"表达美好的遇见，我与学生的遇见、学生与书的遇见、每个人与最好的自己的遇见。然后引入美丽的传说，让学生从传说中了解世界读书日的由来。

二、本次课程从三个方面讲解。第一，一封情真意切的家书；第二，读书之境界；第三，读书之方法。

三、从身边一位母亲写给孩子的一封真实的家书谈起，由此引导孩子去感悟家书，进行提问：读书为了什么？读书有什么用？提问之后进行家书总结，用四句话告诉孩子为什么读书。

四、"孤舟蓑笠翁，独钓寒江雪。""采菊东篱下，悠然见南山。""会当凌绝顶，一览众山小。""欲穷千里目，更上一层楼。"引入诗词，带领孩子理解读书的境界，并告诉孩子应该达到的境界。

五、挑选几本经典读物，借用这几本书分析读书的方法，让孩子通过了解读书的方法，知道自己应该怎么选书、怎么读书。

六、最后，送给孩子一句名言："一个爱书的人，他必定不至于缺少一个忠实的朋友，一个良好的老师，一个可爱的伴侣，一个温情的安慰者。"希望孩子养成读书的好习惯，读好书，好读书，拥有美好生活！

学生新知

懂得感恩

美茵校区　四（3）班　贺晶晶

我们学校有许许多多的活动，家长讲堂就是其中一项。我最喜欢的家长讲堂就是丁浩哲妈妈带来的"生育"。

丁浩哲妈妈不仅让我们观看了有关生育的视频，而且还带来了一个怀着小宝宝的阿姨。我们向那位阿姨问了各种各样的问题。比如：小宝宝爱吃什么？小宝宝会踢阿姨的肚子吗？

这次家长讲堂让我懂得了母亲是最伟大的，她将我带到这个世界上，倾注了很多精力来哺育我、教导我。唐代诗人孟郊的《游子吟》中写道："谁言寸草心，报得三春晖。"多少个事实证明母爱无价！当我因学习而疲劳、心烦时，妈妈会送上一杯热茶，不需任何言语，一切尽在不言中……就如米尔说的"母爱是世间最伟大的力量"，就如高尔基说的"世界上的一切光荣和骄傲，都来自母亲"。母亲为我们付出了那么多，我们何曾为母亲付出过呢？母亲，你正如莲叶，我们好比是那脆弱、娇小的莲花，除了母亲，谁还会为我遮风挡雨呢？我爱我的母亲，她不仅给予我生命，给予我做人的权利，更教会我做人的道理。

最后丁浩哲妈妈给我们每人发了一个鸡蛋，让我们每个人通过呵护鸡蛋来体验当爸爸和妈妈的不易。虽然最后我没能够保护好我的鸡蛋宝宝，但是我相信等我长大成人，一定会保护好自己的宝宝。

家长热议

收 获

美茵校区 四（3）班 王宁苒妈妈

苒儿是四年级来到北京第二实验小学洛阳分校学习的，从开始的羞怯到今天的开朗，她很快完成了角色的转变，很快爱上了四（3）班这个大集体。经常听她说喜欢这个新的学校、新的集体、新的同学。

家长讲堂对于苒儿来说是个新的课堂领域。每次家长们都会带来一些新的知识，有的家长会通过一个小小的实验，来告诉孩子们一个简单的物理知识。有一次，苒儿回来告诉我，她要带一个鸡蛋、一些盐及一个水杯去学校做一个实验。回来后，她丢下书包，迫不及待地将鸡蛋放在水杯里，在杯子里添上水。这时鸡蛋浮不起来，然后她又往玻璃水杯里加一些盐。神奇的事情发生了，鸡蛋浮起来了。我感觉这种形式非常好，能够让孩子亲自见证物理的神奇。盐是可以使水的浮力大大增加的。接着，她拿来小水盆，接满水又放入乒乓球和塑胶玩具。乒乓球和塑胶玩具都浮起来了。她又放入了一个鸡蛋，可鸡蛋沉下去了；她又放了一颗弹珠，弹珠也没有浮起来。她开始往盆里加盐。慢慢地，鸡蛋浮起来了，可是弹珠还是丝毫未动，依然沉在水底。她问我这是为什么，我告诉她，那是因为盐改变了水的密度。乒乓球、塑胶玩具它们的密度都比水小，所以即使没有加入盐它们依然可以浮起来。可是鸡蛋的密度比水大，只有加了盐，它才可以浮起来。弹珠的密度非常大，即使加了盐，它也浮不起来。

孩子问我为什么，我告诉她因为盐改变了水的密度，一切比盐水密度小的物体都可以浮起来。孩子似懂非懂地看着我。还不错，她有些理解了。这就是家长讲堂带给她的一些收获。

> 老师这样说

在陪伴中成长

美茵校区　四（3）班　郭琳歌

家长讲堂是促进学校教育与家庭、社会的和谐互动,开发和拓展课程资源,深化学校课程改革,帮助学生在学习书本知识的同时打开一扇了解社会和生活的窗户。家长讲堂课程发挥其独特优势,邀约各行各业有专长有热情的家长来校给孩子们上课,传统节日文化、科普知识、儿童安全教育、美食制作,家长讲堂课程形式多样,精彩纷呈,孩子们的天真无邪、好学上进让我们感动。

有些家长私下跟我说,一走进教室,有不少的孩子就会主动和他们打招呼,让他们备感亲切;整个学习交流的过程,孩子们都听得很认真,积极与他们开展互动,让他们惊诧于孩子们的激情;孩子们清脆明亮的声音、整齐划一的动作,让家长心中感到一丝温暖;课后,孩子们学到了一些知识、引发一点思考,让家长备感欣慰。孩子们的表现出乎我的意料,他们对家长讲堂的喜爱,让我感受到了青春的活力、好学的渴望。孩子们,你们真的很棒!课后,我与上课的家长进行了简单的交流,他们都从参加家长讲堂活动中感受到了压力,也充满了期待。压力来源于第一次走上讲台时的紧张、第一次面对一群孩子的无措,期待的是得到孩子们认可时的满足、使孩子们有所收获时的欣慰。准备上课时,过程是辛苦的;走上讲台时,心里是忐忑的;但走下讲台时,个人却是轻松的。

作为老师,作为家长,我们为孩子们付出的还远远不够,给他们另一个平台、另一种机会,了解他们、引导他们,为他们做点事。无论我们从事何种职业、具有怎样的经历,只要拥有真心,讲出心里的话,我们就应该有勇气走上讲台、走到孩子们中间。这是我想对家长们说的话。

《天蓝色的彼岸》——书中的秘密

授课班级：凝碧校区　四（3）班　家长姓名：周俊杰　学生姓名：张傲宇

家长简介：

周俊杰，看似柔弱，其实雷厉风行，既能给女儿辫发式又会做精美的小菜。

授课主题：

《天蓝色的彼岸》浅析及感悟

教学过程：

一、向孩子们做自我介绍

二、简要介绍《天蓝色的彼岸》的主要内容

这是一本感人至深、触动灵魂的书籍。小男孩哈利因车祸去了另一个世界，在那里，他加入了等待去天蓝色彼岸的队伍。但他还挂念着爸爸、妈妈、姐姐和同学们，却又不知如何传达他的心声，直到他碰到一个叫阿瑟的幽灵。阿瑟带着哈里偷偷溜回人间，来向亲人和朋友告别，向他们表示歉意和深深的爱。单纯、清新、温暖的文字，教会人们学会关爱、珍惜生命，唤起人们内心深处最美好的情感，呈送给人们最真切的感动和最伟大的爱。

三、把打印好的精彩语句发给孩子们，并逐一讲解

四、互动环节：挑选六个孩子，和大家分享自己的读后感

五、结合孩子们的发言，给予肯定和鼓励

六、课堂总结

同学们，今天这节课，我们共同重温了《天蓝色的彼岸》这本书，也共同感受了这个感人至深的故事。发言的各位小朋友，也无私地和大家分享了自己的感受。

相信通过今天的交流和分享,大家在以后的成长过程中,都会心怀感恩,都能学会包容,也必将为我们成就更加美好的人生打下坚实的基础!

> **学生新知**

家长讲堂可以培养情商

凝碧校区　四(3)班　刘美汐

家长讲堂是我们学校的特色课堂,内容特别丰富:有讲奥数的、折纸的、空气污染对人体危害的,还有讲垃圾食品对青少年成长具有不好的影响的等。

其中,让我记忆最深刻的就是上个星期的家长讲堂啦!那是万政希妈妈给我们上的家长讲堂,她教我们一首唱着简单又非常好听的歌——《天之大》。"天之大,唯有你的爱是完美无瑕。天之大,记得你用心传话。天之大,唯有你的爱我交给了他,让他的笑像极了妈妈……"每当唱这首歌的时候,我就会想起妈妈养育我时的辛苦、劳累和不容易。

其他的家长讲堂也十分精彩,而这一切都要感谢我们的学校,是学校为我们提供了这样一个学习的机会,可以学到课本以外的很多知识。作为北京第二实验小学洛阳分校的一名学生,我感到非常幸运,感谢老师、感谢家长对我们无私的关怀和奉献。

培养好习惯很重要

凝碧校区　四(3)班　曹胜柏

作为洛阳市唯一一所有家长讲堂活动的学校的学生,我感到幸运和自豪。因为通过家长讲堂,我学到了课本以外的知识,明白了很多的道理。

接下来，我简单谈一下我的感悟。

给我印象最深刻的是李俊轩的伯伯。那是一个周五的下午，我们班又迎来了一位上课的新家长——李伯伯，李伯伯通过他孩子的亲身经历让我们懂得了养成好习惯的重要性。

李伯伯说他家孩子在小学时学习成绩很普通，初中上的也是很普通的学校。但孩子没有放弃，他凭借良好的学习习惯，再加上自己的刻苦努力，考上了洛一高，接着又是山东大学，最后再到清华大学。曾有人问李伯伯，如何教育得孩子如此优秀，李伯伯回答是因为孩子有良好的习惯。

通过李伯伯的课我明白了一个道理：习惯决定人生，好习惯的养成是一个人走向成功的必经之路。

我们大家都知道，好习惯不是一朝一夕养成的，它需要我们不懈的努力和坚持。据说一个好习惯的养成需要21天，但是一个好习惯的遗忘却只要3天。

家长热议

家长讲堂展示家长自我风采

凝碧校区　四（3）班　李佳怡家长

2016年仲秋，我参与了北京第二实验小学洛阳分校的家长讲堂。在做了精心准备后，怀着紧张和兴奋的心情，我走上了四（3）班的讲台。

当我走进四（3）班的教室，看到孩子们一双双明亮的眼睛后，感受到了教室的温馨；当我展开"茶文化"讲解时，孩子们的好奇兴奋一下子被激发了。我从茶的起源与传说开始，讲了茶的分布、分类和制作，并给孩子们讲了茶的冲泡要点，和孩子们一起分享我们泡的茶，一边品尝，一边让孩子们了解我们国家历史悠久的茶文化。

通过参与这次活动，我的收获也不小，不仅增进了对孩子们的了解，而且为孩子们的阳光与上进所打动。感谢学校开展这项具有深远意义的家长讲堂，为家长提供了一个与孩子们零距离沟通的机会，也给了家长一个展示自己的机会，让家长与孩子共同成长。

家长讲堂助力孩子成长

凝碧校区　四（3）班　张博涵家长

记得我第一次给孩子们上的课是"珍爱生命"，讲的是关于2008年汶川地震的事。当我讲到动情之处，我看到每一个孩子的眼里都噙着泪花，此时的我哽咽了。小学时期是孩子可塑性最强的时期，应该让孩子们知道珍爱生命，懂得感恩。

此时，我不由得想起了张校长讲过的办学理念："爱育精彩、幸福工作、快乐生活"是精彩教师的定位，"身心健康、良好习惯、乐学善思、多才多艺"是精彩学生的培养目标，"责任、沟通、成长"是精彩家长的成长目标。在此非常感谢学校为我们家长提供学习、成长的机会，让我们每一位家长都参与到教育中来。教师们以忘我的奉献精神投入到对学生的培养中，校方以严谨的治学态度、科学人性化的管理方式，为学生创造了一个良好的学习环境和展示自我个性的舞台，使学生能够充分地发挥自己的优势、特长，保持最佳学习状态。

老师这样说

在沟通中提升

凝碧校区 四（3）班 张新洁

随着人们物质、文化生活水平的提高，家长对优质教育的期望也越来越强烈。教师已经不能独立解决许多迫切的教育问题，我们更需要家长们的积极参与。而教师如何与家长进行融洽的沟通，至关重要。身为老师，特别是班主任，很多时候都要和家长交流，共同商讨如何使孩子成长得更好。那么，怎样才能更好地与家长沟通，达到自己的教育目的呢？在我们班，我们首先利用校讯通、微信平台，建立与家长主动沟通的意识，取得他们的理解与信任。 然后，我们充分利用家长讲堂，调动家长积极性。

刚开始家长们并不知道怎么做，他们没有自信，首先想到的便是推辞。我们便在家长会上大力宣传，而且提供给他们可讲的内容。比如讲讲自己的工作、旅游经历，或是带孩子们做手工、讲美食。如此，孩子们可以了解外面的世界，会对家长讲堂更感兴趣，家长们在准备的时候也会更容易一些。

本学期，家长讲堂成为我们和家长沟通交流甚至是学习合作的重要形式，从家长的联系、内容的确定到细节的考虑、课堂的组织，我们都争取把工作做到前面，做到细处。中间有一段时间，家长们出现懈怠和推辞的状况，我觉得一定是哪里出现了问题。经过进一步的谈话，我才明白，人都是有惰性的，他们和孩子一样，觉得准备起来麻烦就一推再推。还有就是我们的工作没有做好，没有让他们充分理解家长讲堂的重要性，把家长讲堂当成一种负担。因此，我改掉一星期确定一位家长的做法，改为开学初统一安排每周家长名单，并以校讯通的形式提前告知。这样，他们会有充分的准备时间，也可以在私下里进行交流。

过了一段时间，又有新的问题摆在眼前，家长讲堂的内容总是重复在"安全""游戏"这一块儿,孩子们上课时没有积极性,不愿意配合家长。因此,我又查找资料,在内容和方式上给家长以建议和引导。所以,我们班的家长讲堂真的是丰富多彩:白昊炎爸爸讲的新能源;白家宜爸爸结合自己的工作给孩子们讲解交通安全;孟缘妈妈带孩子们了解傣族习俗,学跳傣族舞蹈,孩子们都很喜欢;赵铎然妈妈带来的关于爱的故事和视频,让孩子们泪流满面;司马博言妈妈在万圣节前带孩子们制作南瓜灯,孩子们兴致盎然。

  对于每次的家长讲堂,我都会及时告知家长孩子们的收获,并利用微信进行图片展示和鼓励表扬。孩子们学到了本领,了解了外面的世界,家长们的积极性被完全调动起来,他们都说:"这样的课堂延伸了普通课堂的深度与广度,孩子们都很喜欢。每次去上课,老师的亲切笑容消除了我们的紧张,给了我们自信。通过短短的一节课,我们更深刻体会到老师们工作的不易。"

快乐的 do、re、mi

授课班级：凝碧校区　四（4）班　家长姓名：李恩伟　学生姓名：李想

家长简介：

李恩伟，现任教于洛阳市洛龙区古城中学。作为一名音乐教师，他热爱音乐，擅长萨克斯、小号、长笛等多种管乐演奏。曾获洛阳市音乐教师才艺大赛一等奖。

授课主题：

快乐的 do、re、mi

教学过程：

一、导入

同学们好！你们见过竖琴吗？

为什么竖琴的琴弦从左到右由长变短？

二、认识音乐中的唱名

do, re, mi, fa, sol, la, si，它们就是音乐家族中的七兄弟。

三、做游戏

1. 邀请七名高低不同的同学扮演七个唱名，同学由低到高排一横排。

给七名同学命名为 do, re, mi, fa, sol, la, si。

2. 老师唱单音，唱到哪个音符，对应的同学要根据音符长短屈膝下蹲。

3. 老师唱一段旋律，大家观察这七个同学的起伏变化，体验音乐的高低起伏。

4. 老师评价，这七名同学做得非常棒，让大家看到了唱名的不同音高起伏。

四、老师表演

陶笛演奏《天空之城》。

1. 陶笛的声音如何？明亮，圆润，优美。

2. 这首乐曲从听觉上感觉怎么样？优美，深情而又忧伤。

3. 大家和着我的演奏，一起哼唱这首优美的乐曲。

五、课堂小结

1. 同学们，这节课我们通过游戏，形象直观地体验了 do, re, mi, fa, sol, la, si 七个唱名的不同音高。

2. 通过欣赏《天空之城》乐曲，感受乐曲把音符重新组合以后的美妙，在今后的生活中，我们多用心去聆听，一定能够收获更多的音乐听觉体验。

家长热议

与孩子共同成长

凝碧校区　四（4）班　郭维佳爸爸

我是一名律师，面对旁听观众200余人的庭审时从容不迫，却在60多个孩子面前胆怯了。这种感觉，没有经历过家长讲堂的家长是无法体会的。试想，我们经历了一次或两次的家长讲堂就"压力山大"，而作为老师，他们的压力何尝会小呢？也许，因为他们工作性质使然，他们已经习惯了，但我想作为勤劳的园丁，他们是辛苦的，责任是重大的。他们每天要备课，有的老师还担任多个班级的教学任务。根据现在孩子们的课程安排，如果让每位老师去逐字逐句地批改孩子们的作业，我想他们的休息时间也不会有了。

自从孩子上小学一年级后，批改孩子作业、签名、批语，让我从开始的茫然失措，到后来的敷衍了事，又到现在彻底地摒弃了陈旧的理念，改变了对现在这种教学模式的看法，没有了怨言，多了一份认真。

最让我欣慰的是得到了孩子对我的肯定，孩子说："爸爸，你细心的批改和认真的批语，让我得到了老师的表扬。你的认真，影响了我。"我们陪同、辅导孩子学习的过程，也是与孩子共同成长、增加父母与孩子之间感情的过程，因为我们一天到晚地忙碌，与孩子沟通的太少太少，如果不是因为孩子的作业需要批改的话，也许在整个一天中我们几乎不会与孩子有太多的接触。而无论是辅导孩子的哪门科目，我们几乎是与孩子在共同学习、共同成长。

《假如给我三天光明》赏析

授课班级：凝碧校区　五（2）班　家长姓名：王静　学生姓名：李卓妍

家长简介：

王静，有一颗乐学爱教的心，跟孩子们分享的海伦·凯勒的故事，给孩子们传递的积极进取的学习精神，对孩子们的精神成长大有裨益！

授课主题：

《假如给我三天光明》赏析

教学过程：

一、问一问同学们看没看过《假如给我三天光明》这本书。

二、假如给你三天光明，你会怎么安排这三天？

三、老师评一评同学们的三天，同学们谈一谈海伦的三天，区别在哪里？（同学们的三天是假设的三天，凯伦的三天是一辈子仅有的三天）

四、从生活中、学习中找一找自己的不足及需要改进、提升的地方。

五、激励同学们：我们不能改变天气，但是可以改变心情；我们不能改变容貌，但是可以展现笑容；我们不能决定他人，但是可以把握自己；我们不能预知明天，但是可以利用今天；我们不能样样顺利，但是可以事事尽心。

家长热议

三尺讲台，感受为师之心！

凝碧校区 五(2)班 焦冰琪妈妈

4月22日下午参加家长讲堂活动，现在回想起来，仍有许多感慨。

孩子们的思维是非常活跃的，思维活跃固然是好事，但有时也会给家长和老师带来苦恼。比如说上课的时候走神，一节课一共40分钟，孩子们走神5分钟就跟不上老师的节奏了。这需要老师不断地去提醒。有人说小学一节课40分钟，有35分钟在组织课堂，只有5分钟在讲课。

家长讲堂上，孩子们的表现非常好，都在按照我的要求认真做事情，让我感觉到孩子们对知识的渴望。望着一双双明亮又纯洁的眼睛，快乐而美好的感受在我的心底深深地扎了根。

感谢老师们开展这项有深刻意义的家长讲堂活动，为家长和孩子们提供了一个零距离接触、沟通的机会。

我也是老师了！

凝碧校区 五(2)班 邓中昊妈妈

我也是老师了！当我站到讲台上时，我感觉自己紧张得都不会讲话了。自我介绍时，我都能感觉到自己声音在颤抖。同学们给我掌声时就像给我勇气与自信。看见孩子们灿烂的笑容，我渐渐也放松了。当我讲到蜂鸟、猎豹、企鹅、飞鱼等动物时，很多同学举手提问。同学们对动物的了解，完全出乎我的意料，讲得头头是道。同学们对知识的渴望就像海绵吸水一样，一下子就吸收、消化了。课堂上同学们都很活跃、很积极，表现得非常棒。

家长讲堂是一个很好的交流沟通平台。让父母走进课堂，更近一步走进孩子们的心里，增进彼此的了解。每个孩子都是父母眼中的明珠，父母都应该积极地参与孩子的教育与成长。

老师这样说

架起家校沟通的桥梁

凝碧校区　五（2）班　李培

家长讲堂活动，在我们学校已经坚持了很长一段时间。家长朋友本着"重在参与"的精神积极参加学校的各项活动，认真准备，尽最大的努力去绽放自己，带给孩子们不一样的体验。

一路坚持下来，我惊喜地发现家长与孩子一起在进步着。这些进步和收获体现在不同的方面。

家长参加活动能给孩子起到很好的表率作用，给孩子做榜样。以前，学校的家长课堂，都是家长去听课、去学习。现在升级了，家长有机会走上神圣的讲台，客串一回老师的角色。让家长积极参与到我们的班级生活中，体验老师的角色，增进家校沟通，促进我们的班级工作开展，同时也给孩子们起到引领作用。

为了更好地完成任务，家长往往会积极地搜集各种相关的资料，尝试着写从未接触过的教案，并且力求完美一改再改。因为没有上课的经验，一遍遍地背教案，最终圆满地呈现，那种成就感是无法用言语表达的。每一次参加这样的活动，对于家长来说都是一次学习的过程，一次精神上的体验。在这个课堂上，家长与孩子一起学习，一同成长。家长素质提高了，就可以更好地配合学校的教学工作，更好地做到家校互补。

有趣的绕口令

授课班级：凝碧校区　六（2）班　**家长姓名**：崔英　**学生姓名**：高宇轩

家长简介：

崔英，北京第二实验小学洛阳分校语文教师。热爱孩子，关注孩子心灵成长，始终坚持做孩子成长的榜样，通过自身的学习跟随孩子成长的步伐，希望给孩子一个健康快乐的童年。

授课主题：

有趣的绕口令

教学过程：

一、课件导入，揭示文题

1. 课件播放相声演员说绕口令的视频："扁担长，板凳宽，扁担绑在板凳上，板凳不让扁担绑在板凳上……"

2. 刚才我们播放的这段视频是相声演员说的一段绕口令。绕口令是一种非常有趣的语言游戏，这节课，我们就一起来玩玩这个游戏，好吗？

（板书课题：有趣的绕口令）

二、绕口令大比拼

1. 看到你们这么兴奋，老师猜想你们心里肯定也想试试。

①常见的较短的绕口令，学生试读，激发兴趣。

"四是四，十是十，十四是十四，四十是四十……"

"吃葡萄不吐葡萄皮，不吃葡萄倒吐葡萄皮……"

"山前有个严圆眼，山后有个严眼圆，二人山前来比眼，不知是严圆眼的眼圆，还是严眼圆比严圆眼的眼圆。"

小结：绕口令说得好坏不仅仅指说的速度快，更重要的是吐字清晰。

②出示内容较长的绕口令，教学生学会一口气说完。

"出东门，过大桥，大桥前面一树枣，拿着杆子去打枣，青的多，红的少，一个枣，两个枣，三个枣，四个枣，五个枣，六个枣，七个枣，八个枣，九个枣，十个枣；十个枣，九个枣，八个枣，七个枣，六个枣，五个枣，四个枣，三个枣，两个枣，一个枣。这是一个绕口令，一口气说完才算好。"

③全体起立，进行气息训练。

④自由练习，准备上台展示朗读。提出要求：准确、流利、快速，掌握关键字。

⑤同学们读得都很认真，个个都憋足了劲。我想知道你们在读绕口令时，都遇到了哪些困难？心情怎样？你们是怎样去克服的？谁来用一段话说一说？

2. 学生自发举手上台展示，其他同学说说他朗读得怎么样。你从中发现了什么？

小结：挺拔的站姿、响亮的声音、自信的神情都是说好绕口令的关键。结合台上同学的问题，大家再次进行练习，并在小组内展示。

3. 小组推荐代表展示，学生评价。

小结：我们在朗读绕口令时，必须要区分平翘舌音、前后鼻音，读准字音，做到口到、脑到、心到，朗读时必须字字响亮，流利畅通。

三、小组比赛

1. 小组合作展示，每个小组集体练习3分钟，然后一起比一比。

比赛内容：

"僧人正数玲珑塔，抬起头来看分明：天上看，满天星。地上看，有个坑。坑上看，冻着冰。冰上看，长着松。松上看，落着鹰。山前看，一老僧。僧前看，一本经。屋里看，点着灯。墙上看，钉着钉。钉上看，挂着弓。看着看着花了眼，可不好了，西北前天起了大风。说大风，好大的风，十个人见了九个人惊。刮散了，满天星。刮平了，地上坑。刮化了，坑上冰。刮倒了，冰上松。刮飞了，松上鹰。刮跑了，一老僧。刮碎了，一本经。刮灭了，屋里灯。刮掉了，墙上钉。刮翻了，钉上弓。"

2. 小组比赛，其他组进行评价。

3. 小结比赛评议情况。

四、总结收获

这节课，大家在绕口令的学习中都有哪些收获呢？自己谈一谈。

学生新知

父子齐心，其利断金

凝碧校区 六（2）班 李元昊

这周五，我爸爸将来我们班上家长讲堂。说实话，我对老爸不寄任何期望。他连 PPT 都不会做，叫我怎么放心，怎么有信心！于是，我决定，助老爸一臂之力。

刚开始，我问老爸要做什么主题的家长讲堂。对科学探索情有独钟的老爸，毫不犹豫地说："做个与科学有关的吧，好歹这方面我熟悉。""长官"一声令下，我便着手准备。我在百度上打下"科学"两字，希望能找出什么有用的东西。突然，我眼前一亮！一个个精彩绝伦的科学小实验呈现眼前，哇，这些内容太有趣了！我爸要是把这些小实验搬到课堂上，同学们一定喜欢，一定会对我爸刮目相看！我立马点开了链接，好多有意思的小实验，我把它们一一融入了 PPT 之中。

当爸爸看完这个 PPT 之后，一脸不满意："孩子，要不咱做一个关于航天飞船的吧。"我一脸疑惑："航天飞船怎么做？哪有这些有趣，吸引人呢？"爸爸说："我可以告诉大家航天科技在生活中的运用呀！""对呀，我找到的小实验虽然有趣，但是要实际操作，难度系数就太大了。"我恍然大悟，推翻了原来的方案，又重新制作PPT。

我和爸爸一起整理资料，直到夜深人静，才把PPT做好。看着令我俩眼前一亮的PPT，爸爸笑了，我也充满了信心。先由天宫二号航天飞船开篇引入主题，紧接着"航天科技改变生活"的大标题赫然入目。之后告诉大家鞋垫、防划痕眼镜、记忆海绵、数码相机等都来自航天科技，还时不时穿插一些问题，纸尿裤其实是为了应对加加林的尿急问题而研发的；让大家意想不到的是，我们常吃的蔬菜包最早是给航天员吃的……

夜深了，老爸还在一遍又一遍地熟悉资料，一遍又一遍地修改语句。老爸，你真棒！明天，我一定为你骄傲！

第二天下午，老爸带着黑眼圈，却精神抖擞地走上讲堂。一整节课下来流畅无误，没有人不在认真听讲。爸爸也毫不紧张，或侃侃而谈，或风趣幽默，或表情凝重……我默默注视着老爸，原本已经捏出汗珠子的手，终于可以轻松地展开，自豪地为老爸鼓掌。最后在一阵热烈的掌声中，老爸的家长讲堂结束了。

家长讲堂结束后，我一直在跟别人说我爸爸的PPT是我给他做的。同学们也纷纷表示："哇，你好厉害啊。"可是，后来一次偶然机会，我得知爸爸其实会做PPT。那一刻，我真的好生气。我认为爸爸好懒，但我又想了想，我认为爸爸是为了锻炼我才装作不会做PPT的。老爸这样良苦用心，真的让我非常惊讶、感动。

幼苗的成长，依靠的是蓝天、清水、土壤。我爱我的爸爸！

家长热议

向小学老师致敬

凝碧校区 六（2）班 王圆明昊妈妈

儿子上小学以来，我已经做过两次家长讲堂，最难忘的是一年级那次，让我感慨颇深。

平时，我们总是抱怨初中的孩子难教，而今天，给儿子班上完一节课，我真是服了这帮天真的孩子们！

教室里混乱一片，孩子们有的在激烈讨论，有的自顾自地摸东西，甚至有的不仅自己玩，还跟自己的同桌或前后桌同学玩……稍微懂事一点儿的孩子知道举手，但是你还没叫他，他就已经在下面叫了起来。这可怎么办？

既然爱动爱说，我索性教他们唱一首英语歌曲。连唱带跳，绝对能吸引孩子们的注意力，说不定，课堂纪律会扭转过来。谁知，这下可热闹了！孩子们有的站在凳子上，有的爬上了桌子手舞足蹈……我有点慌神了，这就是小学老师每天要面对的状况？终于，下课铃响了，我长长地吁了一口气，这节课，我终于上完了！这节课，孩子们没惹大麻烦！

回家的路上我问孩子："你们平时上课都这样？"孩子说："不是啊！我们老师一来，大家就老实了。一个比一个精神！老师再一表扬，我们就更听话了！"我不由感叹，同样都是老师，他们付出的比我们多多了。

前两天，听刚刚上完家长讲堂的孩子爸爸说："这班熊孩子长大了，各个都有思想，都有积累，我都有些招架不住了！"看他一脸满足，一脸幸福，我由衷感谢老师们的辛勤付出。孩子们长大了，我们最幸福。

> 老师这样说

"五心"相依，实现精彩

凝碧校区　六（2）班　张小红

聆听完笑笑爸爸的精彩课堂后，我的脑海里一直回荡着这样几个词语：诚心、精心、慧心、恒心、开心。"五心"的完美结合犹如一颗颗珍珠串起的项链，更加夺目。

一、诚心

笑笑爸爸接到给孩子们上家长讲堂的任务后，专门乘火车从梁山转车到郑州再倒车到洛阳，不顾长途跋涉的劳累，第一时间赶到班级，这种精神让全体师生深深地感动。我想正是有这样真诚、用心、支持学校工作的家长才成就了学校今天的精彩。

二、精心

六年的小学生涯即将结束，笑笑在此也愉快地度过了她幸福快乐的每一天。今天他为了女儿，为了孩子们能在分别后的回忆里有快乐的今天，特意给每一个孩子精心准备了一本带有纪念意义印章的笔记本，希望孩子们每次打开本子的时候，能想到笑笑——他的宝贝女儿。

三、慧心

选择慧心，顾名思义他是一位聪明的爸爸。为了让女儿养成良好的习惯，他故意打乱女儿生活，致使女儿吃喝玩乐之后才想到作业未完成、没时间洗澡就该返校了，顿时生活、学习一团糟，以此引导女儿生活要有计划，从每月到每周再到每天，做到事无巨细。

四、恒心

笑笑爸爸借用第一次和客户交谈的教训来告诉孩子要养成善于提问、独立思考的习惯。在繁忙的今天要学会用最短的时间把自己的想法、做法表达清楚，这不仅是自己能力的体现，更是对别人的尊重。要想做到这一点就必须坚持读书。他每月出差次数较多，就把出差坐火车、汽车的时间利用起来坚持读书。

五、开心

笑笑的爸爸结合自身经历，通过摆事实讲道理相结合的方法再次引导孩子做一个会思考的人，一个有计划的人，一个守时的人，一个诚信的人，一个爱读书的人，归根结底就是学会做人。最后他说了这样一段话："父母要求你读书不是比成绩，而是让你将来有选择工作的权利，去做有意义的工作，而不是被迫谋生。当一个人的工作有成就感和尊严时他才会快乐！"我想这句话不仅道出了所有家长的心声，也是老师的心声，教育的本质也是如此。

学校小社会，自然大社会，让家长走进课堂，参与课堂管理，实现家庭教育与学校教育的共同发展。

知识速记

授课班级：凝碧校区　六（2）班　家长姓名：郭小利　学生姓名：胡斐然

家长简介：

郭小利，从事小学语文教学。

授课主题：

知识速记

教学过程：

一、导入新课

出示圆周率100位：

3.14　15926　535897932　384626433　832795　028　841971693993751058　209　74944592　3078　16406　286　2089986280　348　253421　1706798

谁能用一天的时间记住？（孩子们纷纷表示记不住）

老师先不教记忆方法，先给大家讲一个故事：山巅，一寺一壶酒，儿乐，来杀我。把酒吃，就杀儿。杀不死，乐儿乐。死杉杉，霸占二妻。救我灵儿吧！不只要救妻，一路救三舅，救三妻我一拎我爸，二拎舅（其实就是撕我舅耳），三拎妻。不要溜。司令溜，儿不溜。儿拎爸，久久不溜。饿不拎，扇死爸。而我真是饿矣！要吃人肉？吃酒吧。

总结：这个故事就是记忆圆周率的方法，也是速记的一个基本方法——故事法。

二、"四书""五经"的记忆

四书：《孟子》《论语》《大学》《中庸》。

记忆方法：四叔猛抢大钟（记忆时，脑子里要出现四叔猛抢大钟的图片）。

五经：《诗经》《礼记》《春秋》《周易》《尚书》。

记忆方法：武警诗里存遗书（记忆时，要想象，武警的工作很危险，随时都有可能失去生命，他就把自己的遗书存在诗里）。

总结：记忆方法——提字串成一句话。

三、一些国家首都的记忆方法

蒙古：乌兰巴托（头上蒙个大鼓，下巴都捂烂了，得用手托着）。

老挝：万象（敌人的老窝里有一万头象）。

希腊：雅典（嘴里吸了很多蜡，牙一点就着了）。

埃及：开罗（哎呀，太挤了，散开啰）。

英国：伦敦（英国人都很绅士，上厕所都是轮着蹲）。

美国：华盛顿（美国人吃花生都是在锅里炖着吃）。

自主练习：澳大利亚：堪培拉；越南：河内；加拿大：渥太华；意大利：罗马；瑞典：斯德哥尔摩；法国：巴黎。

四、国旗以及一些图片的记忆方法

出示一些容易混淆的国旗图片（如英国、斐济、新西兰、澳大利亚等国的国旗），说明记忆方法：对比这些图片，看看它们有哪些相同之处、有哪些不同之处，每幅图片有什么特殊之处，抓住特点来进行记忆。

五、课堂小结

运用速记知识，可以达到事半功倍的效果，好记难忘。但是要想掌握速记方法，要做到两点：1.对所记知识要熟悉。2.掌握方法后要勤加练习，才会越来越熟练。

学生新知

我的偶像

凝碧校区　六（2）班　刘浩鹏

在众多精彩的家长讲堂里，我最喜欢的是王园明昊爸爸做的那次。每每回顾那次家长讲堂，我都不由感叹：人世间居然真的有天才！王园明昊爸爸上知天文，下知地理，上下五千年无所不知无所不晓。真是天才！我仿佛瞬间找到了令我佩服得五体投地的偶像。

那天，王爸爸只简单寒暄了几句，就切入正题：中国上下五千年的历史更迭，三皇五帝、秦始皇、汉武帝、唐太宗、明高祖、清康熙……历史画卷在我面前缓缓展开，令我向往不已。我不由赞叹道："您就是大明星！"王园明昊爸爸笑了笑，说："读万卷书，行万里路。多积累，你也是大明星！"对，我也要做像王爸爸一样的大明星！

一堂别开生面的家长讲堂，让我在历史的长河里遨游了一番。感谢王园明昊爸爸为我解答了问题，我更会铭记：读书，积累，谁都可以成为明星。

家长热议

博采众长，点燃梦想

凝碧校区　六（2）班　张雅哲妈妈

家长讲堂，初听到这个名词时颇觉新鲜，给孩子们上课那是很专业的事，真的要家长们走上讲台给孩子们讲课吗？家长们能讲好吗？

带着疑虑，第一次走进儿子的班级，面对 50 双明亮好奇的眼睛，我头上冒汗，心里发慌，不知道能不能讲好，很怕在孩子面前丢脸。我准备的是建筑方面的内容，想让孩子们了解高楼大厦是怎样一点一滴建成的，想让孩子们欣赏世界各地的伟大建筑。相信每位走进课堂的家长都是这样，想把自己熟悉和擅长的领域展示给孩子们，让他们了解各行各业，了解社会的丰富多彩。

孩子每周回来都会带一些家长讲堂的信息，当交警的家长会给孩子们讲交通规则，孩子们对学习交警指挥手势非常感兴趣，一个个俨然成了疏通拥堵车辆的高手；数学高手讲数字的神奇应用，张雅哲现学现卖，回来就给我讲身份证号码的每一个数字都代表什么；心灵手巧的家长带孩子们做手工；能言善辩的家长教孩子们学演讲；心理专家也被请进课堂，帮孩子们解决遇到的各种烦恼、各种困惑。

原来只要愿意，我们每个人都是专家。

教育从来就不是学校单方面的事，孩子们也不应该生活在象牙塔里。而家长，就是连接社会与学校的纽带。学校以智慧的方式，把家长请进课堂，把社会教育及生活教育请进课堂，让我们的教育丰富立体，家校联手让这个巨大的资源得到充分的应用。

教育是润物细无声的熏陶与潜移默化，但也需要一点智慧去点燃孩子们的梦想。

我身边有个孩子，在考上清华大学后，被母校请去给学弟学妹们做报告。他说他学业上的热情来源于一节课。他初中时就读于一所乡村中学，村里一位老人回乡探亲，这位老人是一位国家航空航天方面的专家。学校的校长把老人请进课堂给山村娃娃们上了一节课。在这节课上，他被深深震撼和激励了，他说他从来不知道小村里也能出这样的人物。老人家能，那他是不是也可以？就这样，他的学习热情一路高涨，被点燃的梦想是他努力前进的最大动力。

我们的每一位家长都是自己所属领域里的专家，一节家长课也许就在孩子们心中种下一颗梦想的种子。

方方正正写字，堂堂正正做人

授课班级：凝碧校区　六（3）班　家长姓名：孔德成　学生姓名：孔维海

家长简介：

孔德成，业余时间喜欢打乒乓球、篮球，尤其喜欢写毛笔字。

授课主题：

方方正正写字，堂堂正正做人

教学过程：

一、导入

讲唐代书法家怀素的故事，同学们听了后有什么感想？

二、介绍书法的演变过程

三、讲解示范

毛笔的运用及书写，讲解写字的姿势——《姿势歌》。

1. 出示《姿势歌》。

2. 边讲解边示范。

3. 要领：头正，身直，臂开，足平。

四、执笔姿势

1. 五指执笔法。

2.《握笔歌》。

五、巩固练习

1. 分小组练习，同学之间互相监督，及时纠正。

2. 出示几组错误的姿势图，让学生纠正。

六、评议小结

评选最佳姿势奖,并为同学作示范。

七、总结全文

以自己的亲身经历讲述书法是一种爱好,更是一种做人的态度。勤学苦练、持之以恒是写出一手好字的"法宝"。